Dr. Jaerock Lee

VELAD
Y ORAD

URIM
BOOKS

"Vino (Jesús) luego a sus discípulos, y los halló durmiendo, y dijo a Pedro: ¿Así que no habéis podido velar conmigo una hora? Velad y orad, para que no entréis en tentación; el espíritu a la verdad está dispuesto, pero la carne es débil".

(Mateo 26:40-41)

VELAD Y ORAD, por el Dr. Jaerock Lee
Publicado por Libros Urim (Presidente: Kyungtae Noh)
361-66, Shindaebang-Dong, Dongjak-Gu, Seúl, Corea
www.urimbooks.com

Derechos de autor © 2013 por el Dr. Jaerock Lee
ISBN: 978-89-7557-748-2
Derechos de traducción © 2012 por la Dra. Esther K. Chung. Usado
con permiso.

Primera Edición Octubre de 1997
Segunda Edición Mayo de 2013

Publicado originalmente en coreano por Libros Urim en 1992.

Editado por la Dra. Geumsun Vin
Diseño por el Departamento Editorial de Libros Urim
Para mayor información contáctese con
urimbook@hotmail.com

Mensaje del autor

Ya que Dios nos manda a orar constantemente, Él también nos instruye de diferentes maneras sobre el por qué debemos orar constantemente, y nos alerta a que oremos para que no caigamos en tentación. Al igual que la respiración que no es una tarea difícil para una persona que tiene un estado robusto de buena salud, para una persona espiritualmente saludable le resulta natural y nada difícil vivir mediante la Palabra de Dios y orar sin cesar, como de costumbre. Esto se debe a que mientras más uno ora, disfrutará de buena salud y todo le irá bien mientras su alma prospera. Por consiguiente, el significado de la oración nunca podrá enfatizarse lo suficiente.

Una persona cuya vida ha culminado no puede respirar por la nariz. De la misma manera, una persona cuyo espíritu ha muerto es incapaz de respirar en lo espiritual. En otras palabras, el espíritu del hombre murió debido al pecado de Adán, sin embargo aquellos que sus espíritu han sido restaurados recientemente por el Espíritu

Santo, nunca deben dejar de orar mientras sus espíritus estén vivos, de la misma manera que no podemos tomarnos un descanso y dejar de respirar.

Los nuevos creyentes que recientemente han aceptado a Jesucristo son como infantes. Ellos no saben cómo orar y tienden a pensar que la oración es aburrida. Sin embargo, cuando no se dan por vencidos y confían en la Palabra de Dios y se mantienen orando de manera diligente, sus espíritus crecerán y se fortalecerán a medida que oran enérgicamente. Entonces estas personas se darán cuenta que no pueden vivir sin la oración, de la misma manera que nadie podrá vivir sin respirar.

La oración no solo es nuestro respirar espiritual sino un canal de diálogo entre Dios y Sus hijos, el mismo que siempre debe mantenerse abierto. El hecho de que la conversación se haya cortado entre muchos de los padres y sus hijos dentro de la familia moderna no es nada menos que una tragedia. La confianza mutua se ha destruido y sus relaciones son una mera formalidad. Sin embargo, no hay nada que no podamos decirle a nuestro Dios.

El Dios Todopoderoso es un Padre que se preocupa, que sabe y nos comprende de la mejor manera, nos presta atención en todo tiempo y desea que nosotros le hablemos constantemente. No obstante, para todos los creyentes, la oración es la clave para llamar y abrir la puerta del corazón del Dios Todopoderoso y un arma que trasciende el tiempo y el espacio. ¿Acaso no hemos visto, oído y experimentado de primera mano la vida de muchos cristianos, la misma que ha sido transformada, y la dirección de la historia del mundo haber sido cambiada debido a la poderosa oración?

A medida que humildemente pedimos la ayuda del Espíritu Santo cuando oramos, Dios nos llenará del Espíritu Santo, nos permitirá comprender con mayor lucidez Su voluntad y vivir por ella, y nos permitirá vencer al enemigo diablo y salir victoriosos en este mundo. Sin embargo, cuando alguien fracasa en recibir la guía del Espíritu Santo debido a que no ora, primeramente confiará más en su propio pensamiento y teoría, y vivirá en la falsedad, la misma que está en contra de la voluntad de Dios, y será difícil para él recibir la salvación. Es por eso que la Biblia, en Colosenses 4:2, nos dice: *"Perseverad en la oración, velando en ella con acción de gracias"*, y en Mateo 26:41: *"Velad y orad, para que no entréis en tentación; el espíritu a la verdad está dispuesto, pero la carne es débil".*

La razón por la cual Jesús, el unigénito Hijo de Dios, pudo cumplir con su deber en acuerdo con la voluntad de Dios, fue debido al poder de la oración. Antes de que Él comenzara con Su ministerio público, nuestro Señor Jesús ayunó por cuarenta días y estableció el ejemplo de vida de oración, al orar cada vez que podía durante Sus tres años de ministerio.

Hallamos a muchos cristianos que reconocen la importancia de la oración, pero muchos de ellos fracasan en recibir las respuestas de Dios porque no saben cómo orar de acuerdo a la voluntad de Dios. Me he sentido afligido al ver y escuchar a tales individuos durante mucho tiempo, pero me deleito en publicar este libro acerca de la oración basado en más de veinte años de ministerio y experiencias que he vivido de primera mano.

Espero que este pequeño libro sea de gran ayuda a cada lector para que pueda encontrar y experimentar a Dios y llevar una vida poderosa de oración. ¡Ruego en el nombre del Señor que cada lector esté alerta y constantemente ore para que pueda disfrutar de buena salud y que todas las cosas le vayan bien mientras su alma prospera!

Jaerock Lee

Tabla de contenidos

Capítulo 1

Pedir, buscar y llamar

Mateo 7:7-11

"Pedid, y se os dará; buscad, y hallaréis; llamad, y se os abrirá. Porque todo aquel que pide, recibe; y el que busca, halla; y al que llama, se le abrirá. ¿Qué hombre hay de vosotros, que si su hijo le pide pan, le dará una piedra? ¿O si le pide un pescado, le dará una serpiente? Pues si vosotros, siendo malos, sabéis dar buenas dádivas a vuestros hijos, ¿cuánto más vuestro Padre que está en los cielos dará buenas cosas a los que le pidan?"

1. Dios da buenas dádivas a quien las pide

Dios no quiere ver sufrir a Sus hijos de pobreza y enfermedades, sino que desea que cada asunto en sus vidas marche sin problemas. Sin embargo, si simplemente nos sentamos de brazos cruzados sin hacer ningún esfuerzo, no obtendremos nada. Aunque Dios nos puede dar todas las cosas en el universo ya que le pertenecen, Él quiere que Sus hijos pidan, busquen, y alcancen por sí solos, tal como menciona el antiguo refrán coreano que dice "Saciarás al bebé que llora".

Si hay alguna persona que tiene el deseo de recibir todas las cosas sin hacer nada, esta no es diferente a una flor plantada en un jardín. ¡Cuán desalentador sería para los padres si su hijo se comportara como una planta inmóvil, pasando todo el día en su cama sin hacer ningún esfuerzo por vivir la vida! Este tipo de comportamiento es como el de un hombre perezoso que pierde todo su tiempo esperando que la fruta de un árbol caiga justo en su boca.

Dios anhela que nosotros nos convirtamos en hijos suyos sabios y diligentes, que de manera celosa pidamos, busquemos y llamemos y, que de esta manera, disfrutemos de Sus bendiciones y le demos a Él la gloria. Es por esta razón que Él nos manda a pedir, buscar y llamar. Ningún padre le dará a su hijo una piedra cuando este le pida un pan; ningún padre le dará a su hijo una serpiente cuando este le pida un pez. Aunque el padre sea muy malo, deseará dar buenas cosas a sus hijos. ¿No cree usted que Dios, quien nos ama al punto de haber entregado a Su unigénito Hijo para morir por nosotros, dará a Sus hijos buenas dádivas cuando ellos pidan?

En Juan 15:16 Jesús nos dice: *"No me elegisteis vosotros a mí, sino que yo os elegí a vosotros, y os he puesto para que vayáis y llevéis fruto, y vuestro fruto permanezca; para que todo lo que pidiereis al Padre en mi nombre, él os lo dé"*. Esta es la solemne promesa del Dios Todopoderoso de amor, que cuando nosotros celosamente pidamos, busquemos y llamemos, Él abrirá las puertas de los Cielos, nos bendecirá e incluso responderá a los deseos de nuestro corazónseos.

Con el pasaje en el cual está basado este capítulo, aprendamos cómo pedir, buscar y llamar, y recibir todo lo que pidamos de parte de Dios, para que de este modo, Él reciba toda la gloria y en nosotros haya un gran gozo.

2. Pedid, y se os dará

Dios le dice a todas las personas: "Pedid, y se os dará", y desea que todos sean bendecidos y que reciban todo lo que piden. Entonces, ¿por qué cosas nos dice Él que pidamos?

1) Pida la fortaleza de Dios y poder ver Su rostro

Dios, luego de crear los Cielos y la Tierra y todo lo que hay en ellos, creó al hombre y lo bendijo y le dijo que se fructifique y multiplique, y que llenara toda la Tierra y la gobernara; que gobierne sobre los peces del mar y sobre las aves de los cielos y sobre cada criatura viviente sobre la Tierra.

No obstante, luego de que el primer hombre Adán desobedeciera la palabra de Dios, él perdió esas bendiciones y se escondió de Dios al escuchar Su voz (Génesis 3:8). Además, la humanidad que se convirtió en pecadora se alejó de Dios y se condujo en el camino de la destrucción como esclavos del enemigo diablo.

Para los pecadores, el Dios de amor envió a Su Hijo Jesucristo a la Tierra para salvarlos y abrir la puerta a la salvación. Y si alguien acepta a Jesucristo como su Salvador personal y cree en Su nombre, Dios lo perdona de todos sus pecados y le da el don del Espíritu Santo.

Además de esto, la fe en Jesucristo nos guía a la salvación y nos permite recibir la fortaleza de Dios. Solo cuando Dios nos da de Su fortaleza y poder, podemos conducir de manera exitosa nuestras vidas. En otras palabras, solo por la gracia y fortaleza de lo alto podemos vencer al mundo y vivir de acuerdo a la Palabra de Dios. Y necesitamos recibir Su poder para vencer al diablo.

Salmos 105:4 nos dice: *"Buscad a Jehová y su poder; buscad siempre su rostro"*. Nuestro Dios es: *"YO SOY EL QUE SOY"* (Éxodo 3:14), Creador de los Cielos y la Tierra (Génesis 2:4) y el Gobernador de toda la historia y todo lo que existe en el universo desde el principio por la eternidad. Dios es la Palabra y por medio de ella creó todas las cosas en el universo y, de esta manera, Su Palabra es poder. Ya que la palabra del hombre siempre cambia, no lleva en sí poder para crear o para hacer que las cosas sucedan. A diferencia de las palabras de los hombres que son falsas y constantemente cambian, la Palabra de Dios es viva y llena de poder, y puede llevar a cabo la obra de la creación.

Por consiguiente, no importa cuán impotente uno sea, si escucha la Palabra de Dios que es viva y la cree sin dudar, también podrá llevar a cabo la obra de la creación y crear algo de la nada. La creación de algo de la nada es imposible sin la fe de alguien en la Palabra de Dios. Es por esta razón que Jesús proclamó a todos aquellos que se acercaron delante de Él: *"Ve, y como creíste, te sea hecho"* (Mateo 8:13). En resumen, pedir la fortaleza de Dios es igual que pedirle que nos de fe.

Entonces, ¿qué significa "buscad siempre su rostro"? De la misma manera que nosotros decimos no 'conocer' a alguien sin haber visto su rostro, "buscad siempre su rostro" se refiere al esfuerzo que debemos hacer para descubrir 'quién es Dios'. Significa que aquellos que previamente han evitado ver el rostro de Dios y escuchar Su voz, ahora abren sus corazones, buscan y comprenden a Dios e intentan escuchar Su voz. Un pecador es incapaz de levantar su cabeza e intenta voltear su rostro lejos de los demás. Sin embargo, una vez que recibe perdón, puede levantar su cabeza y ver a los demás.

Del mismo modo, todas las personas han sido pecadoras debido a la desobediencia a la Palabra de Dios; sin embargo, si una persona es perdonada al aceptar a Jesucristo y convertirse en hijo de Dios al recibir el Espíritu Santo, podrá ver a Dios quien es en sí la Luz, ya que aquel es declarado justo por el Dios justo.

La razón crucial por la cual Dios nos dice que "pidamos ver el rostro de Dios", es porque Él quiere que cada uno de nosotros que somos pecadores, seamos reconciliados con Dios y recibamos el Espíritu Santo al pedir ver Su rostro, y que nos convirtamos en Sus hijos que podamos estar frente a frente con Él. Cuando se convierte en un hijo de Dios el Creador, recibirá el Cielo, la vida eterna y la felicidad, sobre las cuales nada más es de mayor bendición.

2) Pida cumplir con el reino de Dios y Su justicia

La persona que recibe el Espíritu Santo y se convierte en un hijo de Dios puede vivir una nueva vida ya que ha nacido de nuevo del Espíritu. Dios, que considera un alma más valiosa que los Cielos y la Tierra, nos dice a Sus hijos que pidamos cumplir Su reino y Su justicia por encima de todas las cosas

(Mateo 6:33).

Jesús, en Mateo 6:25-33, nos dice lo siguiente:

"Por tanto os digo: No os afanéis por vuestra vida, qué habéis de comer o qué habéis de beber; ni por vuestro cuerpo, qué habéis de vestir. ¿No es la vida más que el alimento, y el cuerpo más que el vestido? Mirad las aves del cielo, que no siembran, ni siegan, ni recogen en graneros; y vuestro Padre celestial las alimenta. ¿No valéis vosotros mucho más que ellas? ¿Y quién de vosotros podrá, por mucho que se afane, añadir a su estatura un codo? Y por el vestido, ¿por qué os afanáis? Considerad los lirios del campo, cómo crecen: no trabajan ni hilan; pero os digo, que ni aun Salomón con toda su gloria se vistió así como uno de ellos. Y si la hierba del campo que hoy es, y mañana se echa en el horno, Dios la viste así, ¿no hará mucho más a vosotros, hombres de poca fe? No os afanéis, pues, diciendo: ¿Qué comeremos, o qué beberemos, o qué vestiremos? Porque los gentiles buscan todas estas cosas; pero vuestro Padre celestial sabe que tenéis necesidad de todas estas cosas. Mas buscad primeramente el reino de Dios y su justicia, y todas estas cosas os serán añadidas".

Entonces, ¿qué es 'buscar el reino de Dios' y qué es 'buscar Su justicia'? En otras palabras, ¿qué es lo que debemos pedir para cumplir con el reino de Dios y Su justicia?

Para la humanidad que ha sido esclava del enemigo diablo y destinada a la destrucción, Dios envió Su Hijo unigénito al mundo permitiendo que Él muera en una cruz. Por medio de Jesucristo, Dios también ha restaurado la autoridad que perdimos y nos permitió caminar por el camino a la salvación. Mientras más compartimos las Buenas Nuevas de Jesucristo, quien murió por nosotros y resucitó, las fuerzas de Satanás serán mayormente destruidas. Mientras las fuerzas de Satanás sean destruidas, una mayor cantidad de almas llegarán a la salvación. Y, mientras más almas perdidas lleguen a la salvación, más se expandirá el reino de Dios. Por lo tanto, 'buscar el reino de Dios' se refiere a la oración por la obra de salvar almas o la obra misionera, para que de esta manera todas las personas puedan convertirse en Hijos de Dios.

Solíamos vivir en tinieblas y en medio del pecado y la maldad, pero a través de Jesucristo hemos sido facultados para acercarnos delante de Dios quien es la Luz misma. Ya que Dios mora en la bondad, la justicia y en la luz, con pecado y maldad no podemos acercarnos delante de Él ni convertirnos en Sus hijos.

Por consiguiente, 'buscar la justicia de Dios' se refiere a orar para que el espíritu muerto pueda revivir, su alma prospere y se logre llegar a ser justo al vivir de acuerdo a la Palabra de Dios.

Debemos pedir a Dios que nos permita escuchar y ser iluminados por Su Palabra, apartarnos del pecado y las tinieblas, y morar en la luz e imitar la santidad de Dios.

Cumplir con la justicia de Dios es abstenerse de las obras de la carne de acuerdo con los deseos del Espíritu Santo y llegar a santificarnos al vivir mediante la verdad. Además, mientras pedimos cumplir con la justicia de Dios disfrutaremos de buena salud y todas las cosas nos irán bien así como prospera nuestra alma (3 Juan 1:2). Es por esta razón que Él nos manda que primero pidamos por el cumplimiento del reino de Dios y Su justicia, y nos promete que todas las cosas que nosotros pidamos se nos darán.

3) Pida convertirse en Su obrero y llevar a cabo las responsabilidades que Dios le ha dado

Si usted pide cumplir con el reino de Dios y Su justicia, debe entonces orar para convertirse en Su obrero. Si es que usted ya es un obrero de Dios, debe orar fervientemente para llevar a cabo las responsabilidades que Dios le ha dado. Dios recompensa a aquellos que lo buscan fervientemente (Hebreos 11:6) y recompensará a cada persona de acuerdo a lo que haya hecho (Apocalipsis 22:12).

En Apocalipsis 2:10 Jesús nos dice: *"...Sé fiel hasta la muerte, y yo te daré la corona de la vida"*. Incluso en esta vida, cuando alguien se afana en sus estudios, éste recibe becas e ingresa a buenas universidades. Cuando una persona se esfuerza en su trabajo, puede ser promovido y recibirá un mejor trato y salario.

Del mismo modo, cuando los hijos de Dios son fieles a las responsabilidades dadas por Él, se les dará mayores responsabilidades y también mayores recompensas. Las recompensas de este mundo no se pueden comparar con las recompensas en el reino de los cielos en tamaño o gloria. Por consiguiente, en la posición en la que nos encontremos cada uno de nosotros, debemos ser anhelosos de la fe y orar para llegar a ser obreros preciosos de Dios.

Si aún alguien no tiene una responsabilidad dada por Dios, esta persona debe orar para convertirse en un obrero del reino de Dios. Si alguien ya tiene una responsabilidad dada por Dios, debe orar para realizar un buen desempeño de la misma y aspirar por una responsabilidad aún mayor. Un laico debe orar para convertirse en un diácono, mientras que un diácono debe orar para convertirse en un anciano. Un líder de célula debe orar para convertirse en un líder de sub-distrito, y un líder de sub-distrito en un líder de distrito y, este último, para estar por encima de todo esto.

Esto no quiere decir que alguien debe pedir por un título de anciano o diácono. Sino que se refiere a ser fiel a su responsabilidad, a realizar el mayor esfuerzo por ello y servir y poder ser utilizado en mayor capacidad por Dios.

Lo más importante para una persona que tiene una responsabilidad dada por Dios, es el tipo de fidelidad por el cual es más que capaz de llevar a cabo tareas aún mayores que las funciones que tiene actualmente. Para lograr esto, esta persona debe orar para que Dios mismo lo felicite y diga: "¡Bien, buen siervo y fiel!"

En 1 Corintios 4:2 leemos: *"Ahora bien, se requiere de los administradores, que cada uno sea hallado fiel"*. Por consiguiente, cada uno de nosotros debemos orar para convertirnos en obreros fieles de Dios en nuestras iglesias, en el cuerpo de Cristo y en las diferentes posiciones en la que nos encontremos.

4) Pida por el pan diario

Para poder redimir a las personas de la pobreza, Jesús nació pobre. Para poder sanar todas las enfermedades y debilidades, Jesús fue azotado y derramó Su sangre. Así, es algo natural para los hijos de Dios que disfruten de vidas abundantes y saludables, y que cada asunto en sus vidas les vaya bien.

Cuando le pedimos primeramente a Dios poder cumplir con Su reino y justicia, Él nos dice que todas estas cosas nos serán dadas (Mateo 6:33). En otras palabras, luego de pedir por el cumplimiento del reino de Dios y Su justicia, debemos orar por las cosas necesarias para poder vivir en este mundo, tales como la alimentación, la vestimenta, la vivienda, el trabajo, bendiciones en nuestros puestos de trabajo, el bienestar de nuestras familias y así por el estilo. De esta manera, Dios nos llenará de las cosas que nos ha prometido. Tenga en cuenta que si pedimos por tales cosas para saciar nuestro deseo de codicia y no para la gloria de Dios, Él no responderá a nuestras oraciones. La oración con deseos pecaminosos no tiene relación alguna con Dios.

3. Buscad, y hallaréis...

Si usted está 'buscando', significa que ha perdido algo. Dios desea que las personas posean ese 'algo' que han perdido. Debido a que Él nos manda a buscar, debemos primeramente determinar qué es lo que hemos perdido, para que de este modo, podamos 'buscarlo'. Además debemos averiguar cómo vamos a encontrarlo.

Entonces, ¿qué es lo que hemos perdido y cómo lo 'encontramos'?

La primera persona que Dios creó era un ser viviente compuesto de espíritu, alma y cuerpo. Como un ser vivo que podía comunicarse con Dios quien es Espíritu, el primer hombre disfrutó de todas las bendiciones que Dios le había dado y vivió mediante Su Palabra.

Sin embargo, luego de ser tentado por Satanás, aquel primer hombre desobedeció el mandato de Dios. En Génesis 2:16-17

encontramos lo siguiente: *"Y mandó Jehová Dios al hombre,
diciendo: De todo árbol del huerto podrás comer; mas del
árbol de la ciencia del bien y del mal no comerás; porque el
día que de él comieres, ciertamente morirás"*.

Aunque el deber completo del hombre es tener temor de
Dios y guardar Sus mandamientos (Eclesiastés 12:13), el primer
hombre creado no guardó los mandamientos de Dios. Al final,
tal como Dios le advirtió, luego de que él comiera del árbol de la
ciencia del bien y del mal, el espíritu en él murió y se convirtió en
un hombre del alma, sin poder comunicarse con Dios. Además,
los espíritus de todos sus descendientes murieron y de esta
manera se convirtieron en personas carnales, incapaces de
mantener sus responsabilidades del todo. Adán fue expulsado
del Huerto del Edén a la tierra maldecida. Él y todos los que
vinieron después de Adán, tuvieron que vivir en medio de la
tristeza, el sufrimiento, la enfermedad y solo mediante el sudor
de su frente podían alimentarse. Por otra parte, ya no podían
vivir de una manera digna del propósito de la creación de Dios,
sino que, al seguir tras cosas sin sentido de acuerdo con sus
pensamientos, se corrompieron.

Para que un individuo cuyo espíritu ha muerto y solo tiene su
alma y cuerpo pueda vivir nuevamente de una manera digna del
propósito de la creación de Dios, este necesita recuperar su
espíritu perdido. Solo cuando el espíritu muerto dentro de una
persona es revivido, puede convertirse en un hombre del espíritu

y comunicarse con Dios quien es Espíritu y así podrá vivir como una persona verdadera. Es por esta razón que Dios nos manda a buscar nuestro espíritu perdido.

Dios abre para todas las personas un camino para revivir su espíritu muerto y ese camino es Jesucristo. Cuando nosotros creemos en Jesucristo, como Dios nos ha prometido, recibiremos el Espíritu Santo y Él vendrá y habitará dentro de nosotros y traerá nuevamente a la vida nuestro espíritu muerto. Cuando nosotros buscamos el rostro de Dios y recibimos a Jesucristo luego de escuchar Su llamado a la puerta de nuestro corazón, el Espíritu Santo viene y da a luz al espíritu (Juan 3:6). Cuando vivimos en obediencia al Espíritu Santo nos abstenemos de las obras de la carne, celosamente escuchamos, acogemos, oramos y hacemos de la Palabra de Dios nuestro pan diario; con Su ayuda seremos capaces de vivir por la Palabra de Dios. Este es el proceso por el cual el espíritu muerto es revivido y uno se convierte en un hombre del espíritu y recupera la imagen de Dios.

Cuando queremos consumir la yema de alto valor nutritivo de un huevo, primero hay que romper la cáscara del huevo y quitar la clara. De igual manera, para que un individuo se convierta en un hombre del espíritu, debe abstenerse de la obra de la carne y debe dar a luz al espíritu mediante el Espíritu Santo. Este es el 'buscad' del cual habla Dios.

Supongamos que todo el sistema eléctrico en el mundo se apagara. Ningún experto solo podría restaurarlo; se requeriría de una gran cantidad de tiempo para que el experto despache electricistas y produzca las partes necesarias para que la electricidad sea restaurada en cada parte del mundo.

Del mismo modo, con el fin de revivir el espíritu muerto y convertirse en un hombre de espíritu completo, hay que escuchar y conocer la Palabra de Dios. Sin embargo, ya que solo conocer la Palabra no es suficiente para ser un hombre de espíritu, oramos, acogemos y hacemos de la Palabra de Dios nuestro pan diario, para así poder vivir por medio de ella.

4. Llamad (a la puerta), y se os abrirá

'La puerta' que Dios menciona es la puerta de promesas que se abrirá cuando llamemos. ¿En qué tipo de puerta Dios nos dice que llamemos? En la puerta al corazón de Dios.

Antes de llamar a la puerta del corazón de Dios, primeramente Él llama a la puerta de nuestro corazón (Apocalipsis 3:20). Como resultado, abrimos la puerta de nuestro corazón y aceptamos a Jesucristo. Ahora es nuestro turno de llamar a la puerta de Su corazón. Ya que el corazón de nuestro Dios es más ancho que los cielos y más profundo que el océano, cuando llamamos a la puerta de su inmensurable corazón, podemos recibir todas las cosas.

Cuando oramos y llamamos a la puerta del corazón de Dios, Él abrirá las puertas de los cielos y derramará tesoros sobre nosotros. Cuando Dios abre una puerta, ninguno la cierra, y si la cierra, ninguno la abre; si Él abre las puertas de los Cielos y se compromete a bendecirnos, nadie puede interponerse en Su camino ni en el fluir de la bendición (Apocalipsis 3:7).

Podemos recibir las respuestas de Dios cuando llamamos a la puerta de Su corazón. Sin embargo, dependiendo de cuánto alguien llame a la puerta, se podrá recibir tanto bendiciones grandes como pequeñas. Si la persona anhela recibir grandes bendiciones, las puertas de los cielos deben abrirse grandemente. De esta manera, debe llamar a la puerta del corazón de Dios con mayor diligencia y agradarle a Él.

Ya que Dios se agrada y deleita cuando nos abstenemos de la maldad y vivimos por sus mandatos en la verdad, si vivimos por la Palabra de Dios, podemos recibir todo lo que pidamos. En otras palabras, 'llamar a la puerta del corazón de Dios', se refiere a vivir mediantes los mandatos de Dios.

Cuando llamamos celosamente a la puerta de Su corazón, Dios nunca nos reprenderá y nos dirá: "¿Por qué estás golpeando tan fuerte?" En realidad es todo lo opuesto. Dios se deleitará en gran manera y deseará darnos lo que le pidamos. Por consiguiente, espero que usted llame a la puerta del corazón de Dios mediante sus obras, que reciba todo lo que pida y que de esta manera le dé a Dios la gloria.

¿Alguna vez ha atrapado a un ave con una honda? Una honda es un instrumento que se fabrica al tallar cuidadosamente una pieza de madera en forma de 'Y', con la cual se lanza una piedra que se coloca en la banda de goma que está atada en cada punta de la 'Y'. En cierta ocasión un amigo de mi padre me felicitó por mis habilidades para hacer un honda.

Si tuviera que comparar Mateo 7:7-11 con una honda, 'pedid' sería como buscar una honda y una piedra con la cual se puede atrapar un pájaro. Luego necesita equiparse a sí mismo con la habilidad para realizar un buen tiro hacia el ave. ¿De qué sirve una honda y una piedra si usted no sabe cómo lanzar un tiro? Es posible que desee crear un objetivo, familiarizarse con las características de la honda, practicar sobre el objetivo, determinar y entender las mejores formas de atrapar al ave. Este proceso es equivalente a 'pedid'. Al leer, acogerse y hacer de la Palabra de Dios su pan diario, como hijo de Dios se está equipando a sí mismo con capacidades para recibir Sus respuestas.

Si usted se ha equipado a sí mismo con la habilidad para operar una honda y dar buenos tiros con ella, debe ahora lanzar el tiro; esto se puede comparar con 'llamad'. Aunque esté preparada una honda y una piedra, e incluso si se ha equipado con las habilidades necesarias para realizar un tiro, si no realiza dicho tiro no podrá atrapar al ave. En otras palabras, solo cuando vivimos por medio de la Palabra de Dios de la cual hacemos nuestro pan diario en nuestro corazón, recibiremos de parte de

Dios lo que le hayamos pedido.

Pedir, buscar y llamar no son procesos separados sino que están entrelazados entre sí. Ahora usted sabe por qué cosas debe pedir, qué buscar y dónde llamar. ¡Ruego en el nombre del Señor que usted le de toda la gloria a Dios como Su hijo bendecido, y que reciba las respuestas a los deseos de su corazón al pedir, buscar y llamar diligente y celosamente!

Capítulo 2

Crea que lo ha recibido

Marcos 11:23-24

"Porque de cierto os digo que cualquiera que dijere a este monte: Quítate y échate en el mar, y no dudare en su corazón, sino creyere que será hecho lo que dice, lo que diga le será hecho. Por tanto, os digo que todo lo que pidiereis orando, creed que lo recibiréis, y os vendrá".

1. El gran poder de la fe

Un día los discípulos de Jesús que acompañaban a su Maestro le escucharon decir a una higuera estéril: *"Nunca jamás nazca de ti fruto"* (Mateo 21:19). Cuando ellos vieron que la higuera se secó desde la raíz, los discípulos se asombraron y cuestionaron a Jesús. En respuesta Él les dijo: *"De cierto os digo, que si tuviereis fe, y no dudareis, no sólo haréis esto de la higuera, sino que si a este monte dijereis: Quítate y échate en el mar, será hecho"* (Mateo 21:21).

Además Jesús nos prometió: *"De cierto, de cierto os digo: El que en mí cree, las obras que yo hago, él las hará también; y aun mayores hará, porque yo voy al Padre. Y todo lo que pidiereis al Padre en mi nombre, lo haré, para que el Padre sea glorificado en el Hijo. Si algo pidiereis en mi nombre, yo lo haré"* (Juan 14:12-14), y: *"Si permanecéis en mí, y mis palabras permanecen en vosotros, pedid todo lo que queréis, y os será hecho. En esto es glorificado mi Padre, en que llevéis mucho fruto, y seáis así mis discípulos"* (Juan 15:7-8).

En pocas palabras, debido a que Dios el Creador es el Padre de aquellos que han aceptado a Jesucristo, ellos pueden obtener las respuestas a los deseos de sus corazones cuando creen y obedecen la Palabra de Dios. En Mateo 17:20 Jesús nos dijo: *"Por vuestra poca fe; porque de cierto os digo, que si tuviereis fe como un grano de mostaza, diréis a este monte: Pásate de aquí allá, y se pasará; y nada os será imposible".* Entonces, ¿por qué tantas personas fracasan en recibir las respuestas de Dios y en darle a Él la gloria a pesar de pasar innumerables horas en oración? Examinemos cómo podemos darle a Dios la gloria a medida que recibimos todas las cosas por las cuales oramos y pedimos.

2. Crea en el Dios Todopoderoso

Para que una persona pueda sostener su vida desde el momento de su nacimiento, necesitará artículos de primera necesidad tales como alimento, ropa, vivienda y así por el estilo. Sin embargo, el elemento más importante para sustentar la vida es la respiración; esta permite que la existencia de la vida sea posible y hace de la misma algo valioso. Mientras que los hijos de Dios que han aceptado a Jesucristo y han vuelto a nacer también requieren muchas cosas en la vida, lo más fundamental de todo en sus vidas es la oración.

La oración es el canal de diálogo con Dios quien es Espíritu, así como la respiración para nuestro espíritu. Además, ya que la oración es un medio para pedirle a Dios y recibir Sus respuestas, el aspecto más importante al orar es el corazón con el cual creemos en el Dios Todopoderoso. Dependiendo del grado que uno cree cuando ora a Dios, sentirá la certeza de las respuestas y, de esta manera, recibirá las respuestas de acuerdo a su fe.

Ahora, ¿cómo es nuestro Dios en quien depositamos nuestra fe?

Al describirse a Sí mismo en Apocalipsis 1:8, Dios dice: *"Yo soy el Alfa y la Omega, principio y fin, dice el Señor, el que es y que era y que ha de venir, el Todopoderoso".* Dios aparece en el Antiguo Testamento como el Creador de todo el universo (Génesis 1:1-31) y quien dividió el Mar Rojo y permitió a los israelitas que habían dejado Egipto que lo cruzaran en seco (Éxodo 14:21-29). Cuando los israelitas obedecieron los mandamientos de Dios y macharon al rededor de la ciudad de Jericó durante siete días y dieron un fuerte grito, los muros de la ciudad que eran aparentemente indestructibles, se desmoronaron (Josué 6:1-21). Cuando Josué oró a Dios en el medio de la batalla contra los amorreos, Dios hizo que el sol y la luna se detuvieran (Josué 10:12-14).

En el Nuevo Testamento, Jesús, el Hijo del Dios Todopoderoso, levantó a los muertos de su tumba (Juan 11:17-44), sanó cada enfermedad y dolencia (Mateo 4:23-24), abrió los ojos de los ciegos (Juan 9:6-11) y permitió que los paralíticos se levantaran y nuevamente pudieran caminar (Hechos 3:1-10). Además, expulsó de manera inmediata las fuerzas del enemigo diablo y los espíritus malignos mediante Su Palabra (Marcos 5:1-20), y con cinco panes y dos peces proveyó suficiente alimento para que comieran cinco mil hombres y se saciaran (Marcos 6:34-44). Asimismo, al calmar el viento y las olas, Él mostró de primera mano que Él es el gobernador de todas las cosas en el universo (Marcos 4:35-39).

Por consiguiente, debemos creer en el Dios Todopoderoso quien nos da buenas dádivas en la abundancia de Su amor. Jesús, en Mateo 7:9-11, nos dice: *"¿Qué hombre hay de vosotros, que si su hijo le pide pan, le dará una piedra? ¿O si le pide un pescado, le dará una serpiente? Pues si vosotros, siendo malos, sabéis dar buenas dádivas a vuestros hijos, ¿cuánto más vuestro Padre que está en los cielos dará buenas cosas a los que le pidan?"* El Dios de amor quiere dar a Sus hijos las mejores dádivas.

Con Su desbordante amor, Dios nos dio a Su Hijo unigénito. ¿Qué otras cosas no nos dará? Isaías 53:5-6 nos dice: *"Mas él herido fue por nuestras rebeliones, molido por nuestros pecados; el castigo de nuestra paz fue sobre él, y por su llaga fuimos nosotros curados. Todos nosotros nos descarriamos como ovejas, cada cual se apartó por su camino; mas Jehová cargó en él el pecado de todos nosotros"*. Por medio de Jesucristo, quien Dios preparó para nosotros, hemos recibido vida a cambio de la muerte y disfrutamos de paz y sanidad.

Si los hijos de Dios sirven al Dios vivo y Todopoderoso como su padre y creen que Él permite que todas las cosas que suceden obren para el bien de aquellos que lo aman y que Él responde a su clamor, no deben preocuparse o sentir ansiedad en los momentos de tentación y aflicción, pero en su lugar, deben dar gracias, regocijarse y orar.

Esto es 'creer en Dios' y Él se complace al ver este tipo de fe. También Dios nos responde de acuerdo a nuestra fe, y al mostrarnos las evidencias de Su existencia, permite que le demos a Él la gloria.

3. Pida con fe, sin dudar

Dios el Creador de los Cielos, la Tierra y la humanidad permitió que las personas registraran la Biblia para que Su voluntad y Providencia sea conocida a todas las personas. En todo momento Dios también muestra Su ser a aquellos que creen y obedecen Su Palabra, y nos prueba que Él está vivo y es Todopoderoso a través de manifestaciones de señales y prodigios milagrosos.

Podemos creer en el Dios vivo sencillamente al ver la creación (Romanos 1:20) y darle a Él la gloria al recibir Sus respuestas con nuestras oraciones acompañadas de nuestra fe por Él.

Existe 'la fe carnal' por la cual podemos creer debido a que nuestro conocimiento o pensamientos son congruentes con la Palabra de Dios, y 'la fe espiritual' que es el tipo de fe por medio de la cual podemos recibir Sus respuestas. Mientras que aquello que la Palabra de Dios nos habla es poco convincente si se compara con el conocimiento y el pensamiento del hombre, cuando lo pedimos con fe en Él, Dios nos da la fe y un sentido de certeza. Estos elementos se cristalizan en respuestas; esto es la fe espiritual.

Por consiguiente, Santiago 1:6-8 nos dice: *"Pero pida con fe, no dudando nada; porque el que duda es semejante a la onda del mar, que es arrastrada por el viento y echada de una parte a otra. No piense, pues, quien tal haga, que recibirá cosa alguna del Señor. El hombre de doble ánimo es inconstante en todos sus caminos".*

La duda se origina del conocimiento, pensamiento, argumento y pretensión de las personas, y es traída a nosotros por el enemigo diablo. Un corazón que duda es de doble ánimo y astuto, y Dios lo aborrece en gran manera. ¡Cuán trágico sería que sus hijos no puedan creer, sino que al contrario, duden de si usted es su madre o padre biológico! Del mismo modo, ¿cómo puede Dios dar respuesta a las oraciones de Sus hijos si estos son incapaces de creer que Él es su Padre a pesar de haberles dado vida y de cuidarlos?

Por lo tanto, necesitamos recordar que: *"...los designios de la carne son enemistad contra Dios; porque no se sujetan a la ley de Dios, ni tampoco pueden; y los que viven según la carne no pueden agradar a Dios"* (Romanos 8:7-8), y nos insta a: *"Derribar argumentos y toda altivez que se levanta contra el conocimiento de Dios, y llevando cautivo todo pensamiento a la obediencia a Cristo"* (2 Corintios 10:5).

Cuando nuestra fe es transformada en fe espiritual y no dudamos ni siquiera un poco, Dios se complace totalmente y nos da todo lo que le pedimos. Cuando Moisés ni Josué dudaron, sino que solo actuaron por la fe, pudieron dividir el Mar Rojo, cruzar el río Jordán y destruir los muros de Jericó. Del mismo modo, cuando usted le dice a un monte: "quítate y échate en el mar", y no duda en su corazón sino que cree que lo que dice sucederá, le será hecho.

Supongamos que usted le dice al Monte Everest: "Quítate y échate en el Océano Índico". ¿Recibirá la respuesta a su oración? Es evidente que un caos global tomará lugar si el Monte Everest fuera verdaderamente arrojado en el Océano Índico. Debido a que esto no puede suceder y no es la voluntad de Dios, tal oración quedará sin respuesta sin importar cuánto usted ore, ya que Él no le dará fe espiritual por medio de la cual usted pueda creer en Él.

Si usted se encuentra orando para cumplir con algo que está en contra de la voluntad de Dios, el tipo de fe por la cual puede creer con su corazón no vendrá a su vida. Puede creer en un primer momento que su oración puede ser contestada, pero a medida que pasa el tiempo, las dudas comienzan a crecer. Solo cuando oremos y pidamos en acuerdo con la voluntad de Dios, sin dudar en lo absoluto, recibiremos Sus respuestas. Por consiguiente, si sus oraciones aún no han sido respondidas, debe darse cuenta que es porque usted ha pedido algo que va en contra de la voluntad de Dios o que es culpable por dudar de Su Palabra.

1 Juan 3:21-22 nos recuerda lo siguiente: *"Amados, si nuestro corazón no nos reprende, confianza tenemos en Dios; y cualquiera cosa que pidiéremos la recibiremos de él, porque guardamos sus mandamientos, y hacemos las cosas que son agradables delante de él".*

Las personas que obedecen los mandamientos de Dios y realizan lo que a Él le agrada, no piden por cosas que sean contrarias a la voluntad de Dios. Podemos recibir todo lo que pidamos mientras nuestra oración esté en acuerdo con la voluntad de Dios. El Padre nos dice: *"Por tanto, os digo que todo lo que pidiereis orando, creed que lo recibiréis, y os vendrá"* (Marcos 11:24).

Por consiguiente, para poder recibir las respuestas de Dios se debe primeramente recibir de parte de Él la fe espiritual que Dios da cuando se actúa y vive mediante Su Palabra. Mientras destruye todos los argumentos y especulaciones que se levantan en contra del conocimiento de Dios, las dudas desaparecerán y así podrá poseer fe espiritual y, por consiguiente, recibirá todo lo que pida.

4. Crea que ya ha recibido todas las cosas por las cuales usted ora y pide

Números 23:19 nos recuerda: *"Dios no es hombre, para que mienta, ni hijo de hombre para que se arrepienta. El dijo, ¿y no hará? Habló, ¿y no lo ejecutará?"*

Si usted realmente cree en Dios, pide con fe y no duda en lo absoluto, debe creer que ya ha recibido todo lo que ha pedido en oración. Dios es Todopoderoso y fiel, y Él nos promete que nos responderá.

Entonces, ¿por qué tantas personas dicen fracasar en recibir Sus respuestas a pesar de que oran con fe? ¿Se debe esto a que Dios no les responde? ¡No! Dios seguramente ya respondió a sus oraciones, pero toma tiempo ya que ellos no se han preparado como vasos dignos de llevar Sus respuestas.

Cuando un agricultor siembra las semillas, tiene la certeza de que cosechará fruto; sin embargo, no lo puede hacer inmediatamente. Luego de que las semillas han sido sembradas, estas brotan, florecen y luego dan su fruto. Algunas semillas se demoran más que otras en dar su fruto. De la misma manera, el proceso para recibir las respuestas de Dios requiere un procedimiento de siembra y cultivo.

Supongamos que un estudiante ora así: "Permíteme ingresar y estudiar en la Universidad de Harvard". Si él hace esta oración mediante la fe en Su poder, Dios ciertamente responderá la oración del estudiante. Sin embargo, la respuesta a su oración quizás no llegue inmediatamente. Dios prepara al estudiante para que crezca y sea un vaso apropiado para llevar Sus respuestas y luego responderá sus oraciones. Dios le dará el corazón para estudiar ardua y diligentemente para que pueda sobresalir en su vida estudiantil. Mientras el estudiante se mantenga orando, Dios removerá de su mente todo pensamiento mundano y le dará sabiduría y lo iluminará para que estudie con mayor eficacia. De acuerdo al obrar del estudiante, Dios conducirá cada aspecto en su vida para que marche bien y lo equipará con calificaciones para ingresar a Harvard y, cuando llegue el momento, Él permitirá que ingrese en dicha universidad.

La misma regla se aplica a las personas afectadas por una enfermedad. A medida que van aprendiendo a través de la Palabra de Dios por qué las enfermedades surgen y cómo pueden ser sanados, cuando oran con fe pueden recibir sanidad. Deben descubrir su muro de pecado que se interpone entre ellos y Dios y llegar a la raíz del problema de la enfermedad. Si la enfermedad se produjo a causa del odio, se debe desechar ese odio y transformar su corazón en uno de amor. Si la enfermedad se produjo debido a la gula, debe entonces recibir el poder de Dios para tener dominio propio y corregir sus malos hábitos. Solo a través de dicho proceso Dios da a las personas fe por medio de la cual pueden creer y los prepara para convertirse en vasijas apropiadas para recibir Sus respuestas.

Orar por la prosperidad de su negocio no es diferente de los casos antes mencionados. Si usted ora para recibir bendiciones por medio de su negocio, Dios primeramente lo pondrá a prueba para que llegue a ser una vasija digna de Sus bendiciones. Él le dará sabiduría y poder para que la habilidad de manejar su negocio se vuelva distinguida, por lo tanto, su negocio crecerá aún más y así llegará a una excelente situación con la que podrá manejar su negocio. Él lo guiará a personas de confianza, poco a poco aumentará sus ingresos y cultivará su negocio. Cuando el tiempo de Dios llegue, Él responderá a sus oraciones.

A través de estos procesos de siembra y cuidado, Dios llevará su alma a prosperar y lo pondrá a prueba para convertirlo en un vaso digno de recibir todo lo que usted le pida a Él. Por consiguiente, no debe impacientarse basado en sus propios pensamientos. Al contrario, debe ajustarse al marco de tiempo de Dios y esperar Su tiempo, creyendo que ya ha recibido Sus respuestas.

El Dios Todopoderoso, de acuerdo a las leyes del reino espiritual, responderá a Sus hijos con justicia y se deleitará cuando ellos le pidan con fe. Sobre esto, Hebreos 11:6 nos dice: *"Pero sin fe es imposible agradar a Dios; porque es necesario que el que se acerca a Dios crea que le hay, y que es galardonador de los que le buscan"*.

¡Ruego en el nombre del Señor que pueda poseer el tipo de fe por medio de la cual pueda creer que ya ha recibido todo lo que ha pedido en oración, y que pueda darle toda la gloria a Dios al recibir todo lo que pida!

Capítulo 3

El tipo de oración con la que se agrada a Dios

Lucas 22:39-44

"Y saliendo (Jesús), se fue, como solía, al monte de los Olivos; y sus discípulos también le siguieron. Cuando llegó a aquel lugar, les dijo: Orad que no entréis en tentación. Y él se apartó de ellos a distancia como de un tiro de piedra; y puesto de rodillas oró, diciendo: Padre, si quieres, pasa de mí esta copa; pero no se haga mi voluntad, sino la tuya. Y se le apareció un ángel del cielo para fortalecerle. Y estando en agonía, oraba más intensamente; y era su sudor como grandes gotas de sangre que caían hasta la tierra".

1. Jesús dio un ejemplo de la oración apropiada

Lucas 22:39-44 retrata una escena en la que Jesús oró en Getsemaní la noche anterior a ser llevado a la cruz para abrir el camino a la salvación para toda la humanidad. Estos versículos nos hablan de varios aspectos sobre el tipo de actitud y corazón que debemos poseer cuando oramos.

¿Cómo oró Jesús para que Él no solo pudiera llevar la pesada cruz sino también vencer al enemigo diablo? ¿Qué tipo de corazón presentó Jesús cuando oró para que Dios estuviera complacido con Su oración y enviara un ángel de los Cielos para fortalecerlo?

En base a estos versos analicemos la actitud apropiada de la oración y el tipo de oración con la cual se agrada a Dios. Aprovecho para animarle a examinar su propia vida de oración.

1) Jesús oraba habitualmente

Dios nos dice que oremos sin cesar (1 Tesalonicenses 5:17) y nos promete que Él nos dará cuando le pidamos (Mateo 7:7). A pesar de que es correcto orar continuamente y todo el tiempo pedir, la gran mayoría de personas solo oran cuando quieren algo o enfrentan algún problema.

Sin embargo, Jesús salió y se dirigió, como era su costumbre, al monte de los Olivos (Lucas 22:39). El profeta Daniel continuamente se arrodillaba tres veces al día, oraba y daba gracias delante de Dios de la misma manera que lo hacía anteriormente (Daniel 6:10), y dos de los discípulos de Jesús, Pedro y Juan, separaron un tiempo preciso para orar cada día (Hechos 3:1).

Nosotros debemos seguir el ejemplo de Jesús y desarrollar el hábito de separar un tiempo específico y orar continuamente cada día. Dios se complace de manera especial con las personas que oran a la madrugada; ponen todo delante de Dios al comienzo de cada día, así como también la oración por la noche, mediante la cual al final de cada día dan gracias a Dios por Su protección durante el día. Por medio de estas oraciones usted puede recibir Su gran poder.

2) Jesús se arrodilló para orar

Cuando usted se arrodilla, el tipo de corazón con el cual ora está de pie y así muestra reverencia a la persona con la que se encuentra hablando. El acto de arrodillarse al orar debe ser algo totalmente natural para cualquier persona que ora a Dios.

Jesús, el Hijo de Dios, oró con una actitud de humildad al arrodillarse mientras oraba al Dios Todopoderoso. El Rey Salomón (1 Reyes 8:54), el apóstol Pablo (Hechos 20:36) y el Diácono Esteban, el que murió como mártir (Hechos 7:60), cada uno de ellos se arrodillaba al momento de orar.

Cuando pedimos a nuestros padres o a alguien con autoridad un favor o algo que deseamos, nos ponemos nerviosos y tomamos todas las precauciones para evitar cometer errores. Entonces, ¿cómo podemos presentarnos andrajosos en mente y cuerpo si sabemos que estamos hablando con Dios el Creador? El arrodillarse es una expresión de su corazón que reverencia a Dios y confía en Su poder. Debemos poner en orden nuestras vidas y humildemente arrodillarnos cuando oramos.

3) La oración de Jesús estaba en acuerdo con la voluntad de Dios

Jesús oró a Dios: *"...pero no se haga mi voluntad, sino la tuya"* (Lucas 22:42). Jesús, el Hijo de Dios, vino a este mundo para morir en una cruz de madera a pesar de que Él no tuvo ninguna culpa y era intachable. Es por esta razón que al orar, dijo: *"Padre, si quieres, pasa de mí esta copa..."* (Lucas 22:42). Sin embargo, Él conocía la voluntad de Dios que era salvar a toda la humanidad por medio de un individuo, y oró sin pensar en Su propia conveniencia sino en acuerdo con la voluntad de Dios.

1 Corintios 10:31 nos dice: *"Si, pues, coméis o bebéis, o hacéis otra cosa, hacedlo todo para la gloria de Dios"*. Si nosotros pedimos por algo que no es para la gloria de Dios sino para nuestros deseos lujuriosos, no estamos pidiendo algo adecuado, solo debemos orar en acuerdo con la voluntad de Dios. Además, Dios nos dice que tengamos presente lo que dice Santiago 4:2-3: *"Codiciáis, y no tenéis; matáis y ardéis de envidia, y no podéis alcanzar; combatís y lucháis, pero no*

tenéis lo que deseáis, porque no pedís. Pedís, y no recibís, porque pedís mal, para gastar en vuestros deleites". Por lo tanto, debemos examinar y ver si es que estamos orando solo para nuestro propio beneficio.

4) Jesús batalló en oración

En Lucas 22:44 encontramos con cuánta intensidad oró Jesús. *"Y estando en agonía, oraba más intensamente; y era su sudor como grandes gotas de sangre que caían hasta la tierra".*

El clima en Getsemaní donde Jesús oró se enfriaba por las noches, por lo tanto era incluso difícil que alguien sudara. Ahora, ¿puede imaginarse cuánto se esforzó Jesús a sí mismo en profunda y sincera oración, que Su sudor parecía gotas de sangre que caían al suelo? Si Jesús hubiera orado en silencio, ¿hubiera podido orar tan fervientemente como para que sudara mientras oraba? Al clamar a Dios de manera apasionada y ferviente, Su sudor parecía 'gotas de sangre que caían al suelo'.

En Génesis 3:17 Dios le dice a Adán: *"Por cuanto obedeciste a la voz de tu mujer, y comiste del árbol de que te mandé diciendo: No comerás de él; maldita será la tierra por tu causa; con dolor comerás de ella todos los días de tu vida".* Antes de que el hombre fuera maldecido, este tenía una vida en abundancia con todo lo que Dios le había provisto. Cuando el pecado entró en él a través de su desobediencia a Dios, su comunicación con su Creador, llegó a su fin, y sólo a través de trabajo doloroso podía comer.

Si aquello que es posible para nosotros se puede alcanzar solo por medio de trabajo doloroso, ¿qué es lo que tenemos que hacer cuando le pedimos a Dios algo que nosotros no podemos hacer? Por favor, recuerde que solo clamando a Dios en oración, con trabajo doloroso y sudor podemos recibir lo que deseamos de parte de Dios. Además tenga presente cómo Dios nos dice que el trabajo doloroso y el esfuerzo son necesarios para producir fruto, y cómo Jesús mismo batalló y luchó fervientemente en oración. Tenga esto en mente, haga exactamente lo que Jesús le dice y ore de una manera que sea agradable a Dios.

Hasta ahora hemos examinado cómo oró Jesús, quien nos dio un ejemplo de correcta oración. Si Jesús, quien posee toda la autoridad, oró al punto de darnos un ejemplo, ¿con qué tipo de actitud deberíamos nosotros, simples criaturas de Dios, orar? Las apariencias externas y las actitudes de la oración de cada uno expresan su corazón. Por consiguiente, el tipo de corazón con el que oramos debe ser de igual importancia a la actitud con la que oramos.

2. Elementos esenciales del tipo de oración con la que se agrada a Dios

¿Con qué tipo de corazón debemos orar para que Dios esté complacido y responda nuestras oraciones?

1) Usted debe orar con todo su corazón

Hemos aprendido la manera en la que Jesús oró que, las oraciones que provienen del corazón, surgen de la actitud con la que uno exalta a Dios. En base a las actitudes podemos decir con qué tipo de corazón ora una persona.

Dé un vistazo a la oración de Jacob en Génesis 32. Con el río Jaboc en frente, Jacob se vio en un gran aprieto. Jacob no podía regresar ya que había hecho un trato con su tío Labán: que no cruzaría el límite llamado Galaad. Este no podía cruzar el río Jaboc ya que al otro lado su hermano Esaú estaba esperando con 400 hombres para capturarlo. Estaba en un tiempo tan desesperado ya que su orgullo y ego en el cual él había estado confiando, se destruyeron completamente. Jacob finalmente se dio cuenta que solo cuando pusiera todo en las manos de Dios y moviera Su corazón, sus problemas serían solucionados. Ya que él batalló en oración al punto de que la coyuntura de su muslo se dislocó, finalmente recibió la respuesta de Dios. Él fue capaz de mover el corazón de Dios y reconciliarse con su hermano quien estaba esperándolo para arreglar cuentas.

Mire detenidamente 1 Reyes 18 donde el profeta Elías recibió la 'respuesta de fuego' y le dio gran gloria a Dios. Cuando la idolatría se proliferó durante el reinado de Acab, Elías, sin ayuda, contendió contra 450 profetas de Baal y los venció haciendo descender la respuesta de Dios ante los israelitas, dando así testimonio del Dios vivo.

Esto sucedió cuando Acab creyó que Elías fue el culpable de los tres años y medio de sequía que azotó a Israel y estaba en busca de él. No obstante, cuando Dios le ordenó a Elías que fuera delante de Acab, el profeta rápidamente obedeció. Cuando el profeta se dirigió al rey, quien había estado buscándolo para asesinarlo, valientemente habló lo que Dios decía a través de él e invirtió todo con la oración de fe que no contenía ni un ápice de duda, y además, una obra de arrepentimiento se manifestó en las personas que habían estado adorando a los ídolos mientras se volvían una vez más a Dios. Aún más, Elías postrándose en tierra, puso su rostro entre las rodillas mientras oraba fervientemente para que pudiera atraer las obras de Dios sobre la Tierra, y poner un fin a la sequía que había atormentado a la tierra durante tres años y medio (1 Reyes 18:42).

En Ezequiel 36:36-37, nuestro Dios nos recuerda: *"...yo Jehová he hablado, y lo haré. Así ha dicho Jehová el Señor: Aún seré solicitado por la casa de Israel, para hacerles esto..."*. En otras palabras, aunque Dios le había prometido a Elías fuertes lluvias en Israel, esta lluvia no hubiera podido caer sin la oración ferviente proveniente del corazón de Elías. La oración que proviene de nuestro corazón puede realmente impresionar a Dios, quien de manera rápida nos responderá y permitirá que le demos la gloria.

2) Debe clamar a Dios en oración

Dios promete que nos escuchará y tendrá un encuentro con nosotros cuando lo invoquemos, oremos y busquemos con todo nuestro corazón (Jeremías 29:12-13; Proverbios 8:17). En Jeremías 33:3, Él también nos promete: *"Clama a mí, y yo te responderé, y te enseñaré cosas grandes y ocultas que tú no conoces"*. La razón por la cual Dios nos dice que clamemos a Él en oración es porque cuando lo hacemos en alta voz podemos clamar con todo nuestro corazón. En otras palabras, cuando clamemos en oración, seremos separados de pensamientos mundanos, fatiga y somnolencia, y nuestros propios pensamientos no tendrán lugar en nuestra mente.

A pesar de todo, muchas iglesias en la actualidad creen y enseñan a su congregación que estar en silencio dentro del santuario es 'lo correcto conforme a la ley de Dios' y 'lo santo'. Cuando algunos hermanos claman a Dios en voz alta, el resto de la congregación es rápida para pensar que es algo indebido e incluso condenan a dichas personas de ser heréticas. Sin embargo, esto se ha causado a raíz del desconocimiento de la Palabra de Dios y Su voluntad.

Las iglesias primitivas, las cuales fueron testigos de grandes manifestaciones del poder de Dios y del avivamiento, podían agradar a Dios con la llenura del Espíritu Santo al levantar sus voces a Él unánimes (Hechos 4:24). Incluso en la actualidad, podemos ver cuántas señales y prodigios milagrosos innumerables son manifestados, y cómo se experimenta un gran avivamiento en las iglesias que claman a Dios en voz alta y siguen y viven por la voluntad de Dios.

'Clamar a Dios', se refiere a orar a Dios de manera ferviente y en voz alta. Mediante este tipo de oración, hermanos y hermanas en Cristo pueden ser llenos del Espíritu Santo y, ya que las fuerzas que interfieren del enemigo diablo son apartadas, pueden recibir respuestas a sus oraciones y dones espirituales.

En la Biblia son innumerables los registros de casos en los que Jesús y muchos padres de la fe clamaron a Dios con voz alta y recibieron Sus respuestas.

Examinemos pocos ejemplos en el Antiguo Testamento.

En Éxodo 15:22-25 hay una escena en la que los israelitas, luego de salir de Egipto mucho más pronto, habían recién cruzado el Mar Rojo a pie después de que la fe de Moisés lo dividiera en dos. No obstante, debido a que la fe de los israelitas era pequeña, ellos murmuraron en contra de Moisés cuando no pudieron encontrar nada para beber al cruzar el desierto de Shur.

Cuando Moisés 'clamó' a Dios, el agua amarga de Mara se volvió agua dulce.

En Números 12 vemos una escena en la que la hermana de Moisés, Miriam, se volvió leprosa luego de que ella hablara en contra de su hermano. Cuando Moisés clamó a Dios diciendo: *"Te ruego, oh Dios, que la sanes ahora"*, Dios sanó a Miriam de su lepra.

En 1 Samuel 7:9 leemos lo siguiente: *"Y Samuel tomó un cordero de leche y lo sacrificó entero en holocausto a Jehová; y clamó Samuel a Jehová por Israel, y Jehová le oyó"*.

En 1 Reyes 17 encontramos la historia de la viuda de Sarepta quien le mostró hospitalidad a Elías. Cuando su hijo enfermó y murió, Elías clamó a Dios y dijo: *"Jehová Dios mío, te ruego que hagas volver el alma de este niño a él"*. Dios escuchó la voz de Elías, y la vida del niño volvió a él y revivió (1 Reyes 17:21-22). Cuando Dios escuchaba el clamor de Elías, encontramos que Él respondía la oración del profeta.

Jonás, quien había sido tragado y confinado por un gran pez debido a su desobediencia a Dios, también recibió salvación al clamar en oración. En Jonás 2:2 encontramos que cuando él oró, dijo: *"Invoqué en mi angustia a Jehová, y él me oyó; desde el seno del Seol clamé, y mi voz oíste"*. Dios escuchó su clamor y lo rescató. No importa cuán grave y penosa sea la situación en la que nos encontremos-como la de Jonás, Dios nos dará los deseos de nuestro corazón, nos responderá y nos dará solución a los problemas cuando nos arrepintamos de nuestro mal comportamiento ante Sus ojos y clamemos a Él.

El Nuevo Testamento además está lleno de escenas en las cuales las personas clama a Dios.

En Juan 11:43-44 encontramos que Jesús clamó en alta voz: *"Lázaro, ven fuera"*, y el que había muerto salió atadas las manos y los pies con vendas, y su rostro envuelto en un sudario. No hubiera tenido diferencia para Lázaro, quien estaba muerto, si Jesús lo llamaba en voz alta o si le hubiera susurrado. No obstante, Jesús estaba clamando a Dios en voz alta. Jesús trajo de vuelta a la vida a Lázaro, cuyo cuerpo había estado en la tumba por cuatro días, por Su oración de acuerdo a la voluntad de Dios y, de esta manera, manifestó la gloria de Dios.

Marcos 10:46-52 nos habla de la sanidad de un mendigo que era ciego, llamado Bartimeo:

> *"...y al salir de Jericó él (Jesús) y sus discípulos y una gran multitud, Bartimeo el ciego, hijo de Timeo, estaba sentado junto al camino mendigando. Y oyendo que era Jesús nazareno, comenzó a dar voces y a decir: ¡Jesús, Hijo de David, ten misericordia de mí! Y muchos le reprendían para que callase, pero él clamaba mucho más: ¡Hijo de David, ten misericordia de mí! Entonces Jesús, deteniéndose, mandó llamarle; y llamaron al*

*ciego, diciéndole: Ten confianza; levántate, te llama. El
entonces, arrojando su capa, se levantó y vino a Jesús.
Respondiendo Jesús, le dijo: ¿Qué quieres que te haga?
Y el ciego le dijo: Maestro, que recobre la vista. Y Jesús
le dijo: Vete, tu fe te ha salvado. Y en seguida recobró la
vista, y seguía a Jesús en el camino".*

En Hechos 7:59-60, mientras el Diácono Esteban estaba
siendo apedreado para morir como mártir, clamó a Dios y dijo:
"Señor Jesús, recibe mi espíritu". Luego, cayendo de rodillas,
clamó en voz alta: *"Señor, no les tomes en cuenta este pecado"*.

Y en Hechos 4:23-24; 31 leemos: *"Y puestos en libertad
(Pedro y Juan), vinieron a los suyos y contaron todo lo que
los principales sacerdotes y los ancianos les habían dicho.
Y ellos, habiéndolo oído, alzaron unánimes la voz a Dios...
cuando hubieron orado, el lugar en que estaban congregados
tembló; y todos fueron llenos del Espíritu Santo, y hablaban
con denuedo la palabra de Dios"*.

Cuando usted clama a Dios, puede convertirse en un
verdadero testigo de Jesucristo y manifestar el poder del Espíritu
Santo.

Dios nos dice que clamemos a Él incluso cuando nos
encontramos ayunando. Si pasamos la mayoría de nuestro
tiempo de ayuno durmiendo debido a la fatiga, no recibiremos
respuesta de Dios. Dios, en Isaías 58:9, nos promete: *"Entonces
invocarás, y te oirá Jehová; clamarás, y dirá él: Heme*

aquí". De acuerdo a Su promesa, si clamamos cuando estamos ayunando, la gracia y el poder de lo alto descenderá sobre nosotros y seremos victoriosos y recibiremos las respuestas de Dios.

Con la 'Parábola de la viuda persistente', Jesús nos pregunta de forma retórica: *"¿Y acaso Dios no hará justicia a sus escogidos, que claman a él día y noche? ¿Se tardará en responderles?"*, y nos dice que clamemos en oración (Lucas 18:7).

Por consiguiente, tal como Jesús nos dice en Mateo 5:18: *"Porque de cierto os digo que hasta que pasen el cielo y la tierra, ni una jota ni una tilde pasará de la ley, hasta que todo se haya cumplido"*, cuando los hijos de Dios oran, es algo natural para ellos clamar en oración. Este es el mandamiento de Dios. Ya que Su ley dicta que comeremos del fruto de nuestro trabajo, podemos recibir las respuestas de Dios cuando clamamos a Él.

Algunas personas pueden replicar, basando sus afirmaciones en Mateo 6:6-8, y preguntar: "¿Tenemos que clamar a Dios cuando Él ya sabe lo que necesitamos, incluso antes de que nosotros pidamos?", o "¿por qué clamar cuando Jesús dijo que oremos en secreto en nuestra habitación con la puerta cerrada?" Sin embargo, en ninguna parte en la Biblia encontramos pasajes que se refieren a gente que ora en secreto en la comodidad de sus habitaciones.

El verdadero significado de Mateo 6:6-8 es instarnos a orar con todo nuestro corazón, entrar al aposento y cerrar la puerta. Si usted estuviera en una habitación que es privada y silenciosa con la puerta cerrada, ¿no estaría desconectado de todo contacto exterior? De la misma manera que estaríamos desconectados de todos los contactos externos en nuestra propia habitación con la puerta cerrada, en Mateo 6:6-8 Jesús nos está diciendo que nos desconectemos de todos nuestros pensamientos mundanos, preocupaciones, ansiedades y así por el estilo, y que oremos con todo nuestro corazón.

Además Jesús contó esta historia como una lección para que las personas conocieran que Dios no escucha la oración de los fariseos y sacerdotes que, en el tiempo de Jesús, oraban en voz alta para ser elogiados y vistos por los demás. No debemos ser orgullosos por la cantidad de nuestras oraciones. En su lugar, debemos luchar en oración con todo nuestro corazón para Él, quien escudriña nuestros corazones y mentes, al Todopoderoso quien conoce todas y cada una de nuestras necesidades y deseos, y quien es nuestro 'todo en todo'.

Es difícil orar con todo nuestro corazón mediante la oración en silencio. Intente orar a través de la meditación, con sus ojos cerrados, a medianoche. Pronto se verá a usted mismo luchando contra la fatiga y pensamientos mundanos en vez de orar. Cuando se canse de luchar con el sueño, se quedará dormido antes de darse cuenta.

En vez de orar en la quietud del silencio de una habitación: *"En aquellos días él (Jesús) fue al monte a orar, y pasó la noche orando a Dios"* (Lucas 6:12), y *"levantándose muy de mañana, siendo aún muy oscuro, salió y se fue a un lugar desierto, y allí oraba"* (Marcos 1:35). En su aposento superior, el profeta Daniel tenía las ventanas abiertas apuntando hacia Jerusalén y continuó arrodillándose tres veces al día, orando y dando gracias delante de Dios (Daniel 6:10). Pedro subió a un techo para orar (Hechos 10:9), y el apóstol Pablo salió fuera de la puerta junto al río, donde se suponía que había un lugar para la oración, y oró en ese lugar mientras se hospedaba en Filipos (Hechos 16:13; 16).

Estas personas designaron lugares específicos para orar debido a que deseaban hacerlo con todo su corazón. Usted debe orar de manera que su oración pueda penetrar las fuerzas del enemigo diablo, gobernante del reino del aire, y llegar hasta el trono de lo Alto. Solo de esta manera seremos llenos con el Espíritu Santo, sus tentaciones serán apartadas y recibirá respuestas a todos sus problemas, sean estos grandes o pequeños.

3) Su oración debe tener un propósito

Algunas personas siembran árboles para obtener buena madera. Otros quizás lo hagan por el fruto. Y quizás otros lo hagan para utilizar la madera para crear un hermoso jardín. Si alguien siembra árboles sin un propósito en particular, antes de

que los arbustos crezcan y envejezcan quizás se despreocupe de
ellos ya que puede llegar a preocuparse por otro trabajo.

Tener un propósito claro en cualquier empresa que impulsa
la iniciativa, trae resultados más rápidos y mejores logros. Sin
embargo, sin un propósito claro una empresa puede no ser capaz
de no resistir incluso un pequeño obstáculo, porque sin ninguna
dirección, sólo hay dudas y resignación.

Debemos tener un propósito claro cuando oramos delante
de Dios. Se nos ha prometido recibir de parte de Él todo lo que
pidamos cuando nos sentimos confiados delante de Él (1 Juan
3:21-22) y, cuando el propósito de su oración es claro, podremos
orar fervientemente con mayor perseverancia. Nuestro Dios,
cuando vea que no hay nada que condenar en nuestro corazón,
proveerá para nosotros todo lo que necesitemos. Debemos
tener siempre presente el propósito de nuestra oración y estar
dispuestos a orar de manera que le agrade a Dios.

4) Debemos orar con fe

Debido a que la medida de fe varía en cada persona, todos
recibirán la respuesta de Dios de acuerdo a su fe. Cuando
las personas aceptan primeramente a Jesucristo y abren sus
corazones, el Espíritu Santo viene a habitar en ellos y Dios los
sella como Sus hijos. Esto es cuando ellos poseen la fe del tamaño
de una semilla de mostaza.

Mientras guardan el Día del Señor como día santo y

se mantienen en oración, se esfuerzan por mantener los mandamientos de Dios y viven por Su palabra, la fe de ellos crecerá. No obstante, cuando enfrentan tentaciones y sufrimientos antes de pararse firmemente en la roca de la fe, quizás cuestionen el poder de Dios y a veces se desanimen. Sin embargo, una vez que se paren en la roca de la fe, no caerán en ninguna circunstancia sino que pondrán su mirada en Dios y seguirán orando. Dios mira ese tipo de fe y obra para el bien de aquellos que lo aman.

A medida que acumulan oración sobre oración, con el poder de lo alto lucharán en contra del pecado y se asemejarán al Señor. Tendrán una idea clara de la voluntad de nuestro Señor y la obedecerán. Este es el tipo de fe que agrada a Dios, y así recibirán todo lo que pidan. A medida que las personas lleguen a esta medida de fe, experimentarán la promesa que encontramos en Marcos 16:17-18 que dice: *"Y estas señales seguirán a los que creen: En mi nombre echarán fuera demonios; hablarán nuevas lenguas; tomarán en las manos serpientes, y si bebieren cosa mortífera, no les hará daño; sobre los enfermos pondrán sus manos, y sanarán"*. Las personas que posean gran fe recibirán respuestas de acuerdo a su fe, y las personas que tengan poca fe también recibirán respuestas de acuerdo a su fe.

Existe la 'fe egoísta' que se llega a poseer por sí solo, y la 'fe dada por Dios'. La 'fe egoísta' no está en acuerdo con el obrar de uno, sin embargo, la fe dada por Dios, es fe espiritual que siempre va acompañada de obras. La Biblia nos dice que la fe es la certeza de lo que se espera (Hebreos 11:1), pero la 'fe egoísta' no se convierte en una certeza. Incluso si alguien posee el tipo de fe para dividir el Mar Rojo y mover un monte, con la 'fe egoísta' éste no tendrá certeza de las respuestas de Dios.

Dios nos da 'fe viva', la misma que es acompañada con obras cuando nosotros, de acuerdo a nuestra propia fe en Él, obedecemos, manifestamos nuestra fe con obras y oramos. Cuando nosotros le mostramos a Dios la fe que ya poseemos, esa fe se combinará con la 'fe viva', la cual Él nos da, que a su vez se convertirá en una fe grande por medio de la cual podremos recibir las respuestas de Dios sin demora. A veces las personas experimentan la certeza innegable de Sus respuestas. Esta es la fe que es otorgada a ellos por Dios y, si las personas poseen este tipo de fe, ya han recibido sus respuestas.

Por consiguiente, sin dudar en lo más mínimo, debemos poner nuestra confianza en la promesa de Jesús dada en Marcos 11:24 que nos dice: *"Por tanto, os digo que todo lo que pidiereis orando, creed que lo recibiréis, y os vendrá"*. Debemos orar hasta tener la certeza de las respuestas de Dios, y recibir todo lo que pidamos en oración (Mateo 21:22).

5) Debemos orar con amor

Sobre esto, Hebreos 11:6 nos dice: *"Pero sin fe es imposible agradar a Dios; porque es necesario que el que se acerca a Dios crea que le hay, y que es galardonador de los que le buscan"*. Si nosotros confiáramos que todas nuestras oraciones serán respondidas como nuestras recompensas en el Cielo, no encontraríamos la oración como algo aburrido o difícil.

Así como Jesús batalló en oración para entregar Su vida por la humanidad, si nosotros oramos por las demás almas, también lo podremos hacer de manera sincera. Si puede orar con amor sincero por los demás, esto quiere decir que está dispuesto a ponerse en el lugar de ellos y ver sus problemas como si fueran suyos, y orar de todo corazón aún más.

Por ejemplo: supongamos que usted ora por la construcción del santuario de su iglesia. Debería hacerlo con el mismo tipo de corazón con el cual oraría por la construcción de su propia casa. Así como usted pediría detalladamente por el terreno, los trabajadores, los materiales y cosas similares para su propia casa, debe pedir de manera detallada cada elemento y factor necesario para la construcción del santuario. Si se encuentra orando por un paciente, debe ponerse a sí mismo en su lugar y batallar en oración con todo su corazón, como si el dolor y sufrimiento de la otra persona fueran suyos.

Para poder alcanzar la voluntad de Dios, Jesús habitualmente se arrodillaba y batallaba en oración en Su amor por Dios y la humanidad. Como resultado, el camino de la salvación fue abierto, para cualquiera que acepte a Jesucristo, fuera perdonado de sus pecados y disfrutara la autoridad con la cual es llamado un hijo de Dios.

En base a la manera que Jesús oró y esencialmente por el tipo de oración con la cual Dios se agrada, debemos examinar nuestra actitud y corazón, orar con dicha actitud y corazón agradable a Dios y recibir de parte de Él todo lo que pidamos en oración.

Capítulo 4

Para que no
entren en tentación

Mateo 26:40-41

"Vino (Jesús) luego a sus discípulos, y los halló durmiendo y dijo a Pedro: ¿Así que no habéis podido velar conmigo una hora? Velad y orad, para que no entréis en tentación; el espíritu a la verdad está dispuesto, pero la carne es débil".

1. Vida de oración: El aliento de nuestro espíritu

Nuestro Dios está vivo, supervisa la vida del hombre, la muerte, la maldición y la bendición, el amor, la justicia y la bondad. Él no quiere que Sus hijos caigan en tentación o que enfrenten sufrimientos sino que lleven vidas llenas de bendiciones. Es por esta razón que ha enviado al mundo el Espíritu Santo, el Consolador, que ayuda a Sus hijos a vencer este mundo, apartar al enemigo diablo, llevar vidas saludables y llenas de gozo y alcanzar la salvación.

En Jeremías 29:11-12 Dios nos promete: *"Porque yo sé los pensamientos que tengo acerca de vosotros, dice Jehová, pensamientos de paz, y no de mal, para daros el fin que esperáis. Entonces me invocaréis, y vendréis y oraréis a mí, y yo os oiré".*

Si nosotros deseamos llevar una vida en paz y esperanza, debemos orar. Si continuamente oramos durante nuestra vida en Cristo, no seremos tentados, nuestra alma prosperará, lo que parece ser 'imposible' se hará 'posible', cada asunto de la vida irá bien y disfrutaremos de buena salud. No obstante, si los hijos de Dios no oran, ya que el enemigo diablo anda como león rugiente buscando a quién devorar, enfrentarán tentaciones y se encontrarán con desastres.

De la misma manera que nuestra vida se acabaría si no respiramos cada día, la importancia de la oración en la vida de los hijos de Dios no puede ser enfatizada lo suficiente. Es por esta razón que Dios nos manda a que oremos sin cesar (1 Tesalonicenses 5:17), recordándonos que la falta de oración es un pecado (1 Samuel 12:23) y enseñándonos a orar para que no entremos en tentación (Mateo 26:41).

Los nuevos creyentes que recientemente han aceptado a Jesucristo por primera vez, tienden a encontrar la oración como algo difícil ya que no saben cómo orar. Nuestro espíritu muerto revive cuando aceptamos a Jesucristo y recibimos el Espíritu Santo. La condición espiritual en ese momento es la de un infante, por lo tanto es difícil orar.

Sin embargo, si es que ellos no se rinden sino que siguen orando y haciendo de la Palabra de Dios su pan diario, sus espíritus se fortalecerán y sus oraciones se harán más poderosas. Así como las personas no pueden vivir sin la respiración, llegan a darse cuenta que no pueden vivir sin la oración.

Durante mi niñez había niños que competían entre sí para ver quién podía mantener la respiración por más tiempo. Dos niños a la vez se ponían frente a frente y respiraban profundamente. Cuando otro de los niños decía 'listo', los dos niños respiraban todo lo que podían. Cuando el 'árbitro' gritaba '¡ahora!'; con sus expresiones faciales llenas de determinación, los dos niños contenían la respiración.

Al principio, mantener la respiración no es tan difícil. Sin embargo, mientras transcurría poco tiempo, los niños se asfixiaban y sus rostros se volvían de color rojo intenso. Al final eran incapaces de mantener la respiración por más tiempo y se veían forzados a respirar. Nadie puede sostener la vida si su respiración se detiene.

Lo mismo sucede con la oración. Cuando una persona espiritual deja de orar, al principio no nota mucho la diferencia. Sin embargo, con el paso del tiempo su corazón comienza a sentirse abatido y afligido. Si usted pudiera ver su espíritu con sus ojos, dicho espíritu quizás esté cerca de ser sofocado. Si esta persona se diera cuenta que todo eso se debe a que dejó de orar y nuevamente comienza a orar, podrá llevar otra vez una vida normal en Cristo. No obstante, si continúa cometiendo el pecado de fallar a la oración, su corazón se sentirá mucho más abatido y afligido y tendrá que padecer ya que muchos de los aspectos de su vida irán mal.

El 'tomar un descanso' de la oración no es la voluntad de Dios. De la misma manera que jadeamos hasta que nuestra respiración vuelva a la normalidad, retornar a la vida normal de oración es más difícil y toma mucho más tiempo. Mientras más largo haya sido el 'descanso', le tomará mucho más tiempo recuperar su vida de oración.

Las personas que saben que la oración es la respiración de su espíritu, no piensan que la oración es algo muy difícil. Si han estado orando habitualmente de la misma manera que respiran y exhalan, en vez de encontrar la oración como algo extenuante o difícil, se vuelve algo más pacífico, más lleno de esperanza y con mayor felicidad en la vida que al no orar. Esto es porque ellos reciben las respuestas de Dios y le dan a Él la gloria en la misma medida en la que oran.

2. Razones por las cuales vienen las tentaciones sobre las personas que no oran

Jesús estableció un ejemplo de oración para nosotros y le dijo a Sus discípulos que velaran y oraran para que no cayeran en tentación (Mateo 26:41). Esto significa que si no oramos continuamente, caeremos en tentación. Entonces, ¿por qué las tentaciones llegan a las personas que no oran?

Dios creó al primer hombre Adán, lo hizo una criatura viviente y le permitió que pudiera comunicarse con Él quien es Espíritu. Luego de que él comiera del árbol de la ciencia del bien y del mal y desobedeciera a Dios, el espíritu de Adán murió, su comunicación con Dios fue interrumpida y fue expulsado del Huerto del Edén. Como el enemigo diablo, el gobernante del reino de aire, tomó control del hombre quien ya no podía comunicarse con Dios que es Espíritu, el hombre se fue empapando gradualmente cada vez más del pecado.

Ya que la paga del pecado es la muerte (Romanos 6:23), Dios dio a conocer Su providencia de la salvación por medio de Jesucristo para toda la humanidad que había sido destinada a la muerte. Dios sella como Su hijo a cualquiera que acepta a Jesús como su Salvador, que confiesa que es un pecador, se arrepiente y como muestra de garantía de Dios le da el Espíritu Santo.

El Espíritu Santo, el Consolador, que Dios envió para convencer al mundo de pecado, justicia y juicio (Juan 16:8), intercede por nosotros con gemidos indecibles los cuales no pueden ser expresados con palabras (Romanos 8:26), y nos faculta para vencer al mundo.

Para poder ser llenos del Espíritu Santo y recibir Su guía, la oración es absolutamente necesaria. Solo cuando oremos el Espíritu Santo nos hablará, moverá nuestro corazón y mente, nos advertirá de tentaciones inminentes, nos dirá las maneras de evitar dichas tentaciones y nos ayudará a vencer las tentaciones aunque se interpongan en nuestro camino.

No obstante, sin la oración no hay manera de distinguir la voluntad de Dios de la voluntad del hombre. En la búsqueda de los deseos del mundo, las personas que no tienen una rutina de vida de oración, vivirán de acuerdo a sus viejos hábitos e irán en búsqueda de lo que es correcto de acuerdo a su arrogancia. De esta manera, las tentaciones y los sufrimientos son infligidos mientras se enfrentan a todo tipo de dificultad.

En Santiago 1:13-15 leemos lo siguiente: *"Cuando alguno es tentado, no diga que es tentado de parte de Dios; porque Dios no puede ser tentado por el mal, ni él tienta a nadie; sino que cada uno es tentado, cuando de su propia concupiscencia es atraído y seducido. Entonces la concupiscencia, después que ha concebido, da a luz el pecado; y el pecado, siendo consumado, da a luz la muerte".*

En otras palabras, las tentaciones vienen a las personas que no oran porque fracasan en distinguir la voluntad de Dios de la voluntad del hombre, además son atraídos por sus deseos mundanos y sufren dificultades ya que son incapaces de vencer las tentaciones. Dios anhela que todos Sus hijos aprendan a contentarse con cualquiera que sea la circunstancia, que lleguen a saber lo que es estar en necesidad y tener abundancia y que conozcan el secreto del contentamiento en cualquier y cada situación, ya sea con alimento o sin alimento o en abundancia o escases (Filipenses 4:11-12).

Sin embargo, debido a que los deseos mundanos conciben y dan a luz al pecado cuya paga es la muerte, Dios no puede proteger a las personas que continúan pecando. En la medida en que las personas han pecado, el enemigo diablo provoca tiempos de tentación y sufrimiento. Algunas de estas personas que han caído en la tentación decepcionan a Dios y le reclaman que los dejó caer en tentación y los puso en sufrimiento. No obstante, estos son actos que demuestran que se guarda rencor en contra de Dios y tales individuos no pueden vencer las tentaciones y no dan ningún espacio a Dios para que obre para su bien.

De esta manera, Dios nos manda que destruyamos todo argumento y toda altivez que se levanta en contra del conocimiento de Dios y que llevemos cautivo todo pensamiento a la obediencia a Cristo (2 Corintios 10:5). Y en Romanos 8:6-7 Él nos recuerda: *"Porque el ocuparse de la carne es muerte, pero el ocuparse del Espíritu es vida y paz. Por cuanto los designios de la carne son enemistad contra Dios; porque no se sujetan a la ley de Dios, ni tampoco pueden"*.

La mayor parte de la información que hemos aprendido y acumulado en nuestras mentes como algo 'correcto' antes de conocer a Dios, encontramos que es falso a la luz de la verdad. Por lo tanto, se puede seguir totalmente la voluntad de Dios cuando destruimos todas las teorías y pensamientos carnales. Además, si es que queremos destruir los argumentos y toda altivez y obedecer la verdad, debemos orar.

En su debido tiempo, el Dios de amor corrige a Sus hijos amados para que no vayan por el camino de destrucción y permite que sean tentados para que puedan arrepentirse y cambiar su camino. Cuando las personas se examinan a sí mismos y se arrepienten de todo lo que está dentro de ellos que es inadecuado a los ojos de Dios, siguen orando, ponen su mirada en Aquel que está en todas las cosas y obra para el bien de los que le aman, y siempre se regocijan, Dios verá su fe y seguramente les responderá.

3. El espíritu está dispuesto, pero la carne es débil

La noche anterior a que Jesús tomara la cruz, Él se fue con Sus discípulos a un lugar llamado Getsemaní y ahí batalló en oración. Cuando Él encontró a Sus discípulos durmiendo lo lamentó y dijo: *"...el espíritu a la verdad está dispuesto, pero la carne es débil"* (Mateo 26:41).

En la Biblia encontramos términos como 'carne', 'cosas de la carne' y 'obras de la carne'. Por una parte la 'carne' es contraria al 'espíritu' y generalmente hace referencia a todo lo que es corrupto y sufre cambio. Se refiere a cada creación, incluyendo al hombre antes de haber sido transformado por la verdad, las plantas, todos los animales y similares. Por otra parte, el 'espíritu' se refiere a cosas que son eternas, verdaderas y que no sufren cambio.

Desde la desobediencia de Adán, todos los hombres y las mujeres nacen con la herencia de la naturaleza pecaminosa; el pecado original. Los pecados cometidos por uno mismo son actos de falsedad cometidos por instigación del enemigo diablo. El hombre se hizo 'carne' cuando la falsedad manchó su cuerpo y este se convino con la naturaleza pecaminosa. Es por eso que Romanos 9:8 menciona: *"...hijos según la carne"*. El verso dice: *"Esto es: No los que son hijos según la carne son los hijos de Dios, sino que los que son hijos según la promesa son contados como descendientes"*. Y Romanos 13:14 nos advierte:

"Sino vestíos del Señor Jesucristo, y no proveáis para los deseos de la carne".

Además, 'las cosas de la carne' son variaciones de distintos atributos tales como el engaño, la envidia, los celos y el odio (Romanos 8:5-8), que aun no han sido puestos en práctica de manera física, pero que podrían ser inducidos en acciones. Cuando estos deseos se transforman en acciones, se refiere a ellos como "las obras de la carne" (Gálatas 5:19-21).

¿A qué se refiere Jesús con "la carne es débil"? ¿Se estaba refiriendo a las condiciones físicas de Sus discípulos? Como antiguos pescadores, Pedro, Santiago y Juan eran hombres que se encontraban en el pináculo de la vida y disfrutaban de una buena salud. Para personas que han pasado muchas noches pescando, quedarse despiertos por un par de horas en la noche no debería haber sido un gran problema. No obstante, aunque Jesús les dijo que se quedaran en ese lugar y velaran con Él, los tres discípulos fueron incapaces de orar y terminaron quedándose dormidos. Es posible que hayan ido a Getsemaní para orar con Jesús, pero este deseo solo estuvo en sus corazones. Al contrario, cuando Jesús les dijo que su carne era 'débil', se refería a que los tres fueron incapaces de frustrar los deseos de la carne que los seducían a dormir y descansar.

Pedro, que era uno de los discípulos amados de Jesús, no pudo orar debido a que su carne era débil aunque su espíritu estaba dispuesto, y cuando Jesús fue capturado y su vida se encontraba amenazada, en tres ocasiones negó haber conocido al Señor. Esto sucedió antes de la resurrección y ascensión de Jesús a los Cielos. Pedro quedó atrapado en el profundo temor, sin haber recibido el Espíritu Santo. No obstante, luego de que él recibiera el Espíritu Santo, trajo a los muertos de nuevo a la vida, manifestó señales y prodigios milagrosos y creció en valentía lo suficiente para ser crucificado boca abajo. Las señales de la debilidad de Pedro ya no podían ser halladas, ya que fue transformado en un apóstol valiente que tenía el poder de Dios y no tenía miedo a la muerte. Esto se debió a que Jesús derramó Su preciosa, impecable e intachable sangre y nos redimió de nuestras enfermedades, debilidades y pobreza. Si nosotros vivimos por la fe, en obediencia a la Palabra de Dios, disfrutaremos de buena salud tanto en nuestro cuerpo como en el espíritu, y podremos hacer lo que es imposible para el hombre; todo será posible para nosotros.

Sin embargo, en ciertas ocasiones las personas que cometen pecados, en lugar de arrepentirse de ellos, son rápidos para decir 'la carne es débil' y creen que pecar es algo natural. Tales personas pronuncian estas palabras debido a que desconocen la verdad. Supongamos que un padre le da a su hijo mil dólares. Cuán ridículo sería si el hijo pusiera el dinero en su bolsillo y le dijera a su padre: "¡No tengo dinero; ni siquiera un centavo!" Cuán frustrante sería para el padre si su hijo, que aún tiene los mil dólares en su bolsillo, se priva a sí mismo de comprar algo de comida. Por consiguiente, para aquellos que hemos recibido el Espíritu Santo, decir que la carne es débil es una afirmación contradictoria.

He visto a muchas personas que solían ir a dormir a las diez de la noche, ahora asistir a las Vigilias enteras del viernes, luego de orar y recibir la ayuda del Espíritu Santo. No se cansan ni les da sueño; pueden dar cada viernes noche a Dios en la llenura del Espíritu Santo. Esto se debe a que en la llenura del Espíritu Santo los ojos espirituales de las personas se vuelven más atentos, sus corazones rebosan de gozo, no se sienten fatigados y sus cuerpos se sienten más livianos.

Ya que estamos viviendo en la era del Espíritu Santo, no debemos fallar en la oración o en cometer un pecado porque 'la carne es débil'. Al contrario, al mantenernos alertas y en oración continuamente, recibiremos la ayuda del Espíritu Santo y nos abstendremos de las cosas y obras de la carne y cosas por el estilo, y celosamente llevaremos nuestras vidas en Cristo al vivir siempre de acuerdo a la voluntad de Dios para nosotros.

4. Bendiciones para las personas que se mantienen alertas y en oración

1 Pedro 5:8-9 nos dice: *"Sed sobrios, y velad; porque vuestro adversario el diablo, como león rugiente, anda alrededor buscando a quien devorar; al cual resistid firmes*

en la fe, sabiendo que los mismos padecimientos se van cumpliendo en vuestros hermanos en todo el mundo". El enemigo diablo y Satanás, el gobernante del reino del aire, se esfuerza para atraer a los creyentes en Dios para que vayan por el mal camino y para prevenir a Su pueblo de poseer fe cada vez que puede.

Si alguien quiere arrancar un árbol de raíz, lo primero que intentará será sacudirlo. Si el tronco es grande y grueso y el árbol tiene sus raíces muy profundas en la tierra, entonces se dará por vencido e irá en busca de otro árbol. Cuando le parezca que el segundo árbol se puede sacar de raíz con mayor facilidad que el primero, tomará la determinación y lo sacudirá aún más fuerte. Del mismo modo, el enemigo diablo que busca tentarnos, huirá de nosotros si permanecemos firmes. No obstante, si somos sacudidos aunque sea un poco, el enemigo diablo seguirá trayéndonos tentaciones para derribarnos.

Para poder discernir y destruir los esquemas del enemigo diablo y poder caminar en la luz al vivir de acuerdo a la Palabra de Dios, debemos batallar en oración y recibir la fortaleza de Dios y el poder de lo alto. Jesús, el Unigénito Hijo de Dios, pudo alcanzar todas las cosas de acuerdo a la voluntad de Dios debido al poder de la oración. Antes de comenzar con Su ministerio público, Jesús se preparó a Sí mismo con un ayuno de cuarenta días y cuarenta noches y, a través de Sus tres años de ministerio, manifestó obras asombrosas del poder de Dios mediante el hábito de la oración constante. Al final de Su ministerio público, Jesús pudo destruir la autoridad de la muerte y venció por medio de la resurrección debido a que batalló en oración en el Getsemaní. Por esta razón el Señor nos insta: *"Perseverad en la oración, velando en ella con acción de gracias"* (Colosenses 4:2), y además: *"Mas el fin de todas las cosas se acerca; sed, pues, sobrios, y velad en oración"* (1 Pedro 4:7). También nos enseñó a orar así: *"Y no nos metas en tentación, mas líbranos del mal..."* (Mateo 6:13). El prevenir que nosotros caigamos en tentaciones es extremadamente importante. Si usted cae en tentación, significa que no lo ha vencido, se ha dejado abrumar y ha retrocedido en su fe, con lo cual Dios no se agrada.

Cuando nosotros nos mantenemos alerta y orando, el Espíritu Santo nos enseña a ir por el camino correcto y nosotros peleamos y nos despojamos de nuestro pecado. Además, mientras nuestra alma prospera, nuestro corazón se asemejará al del Señor, todas las cosas en nuestras vidas irán bien y recibiremos la bendición de disfrutar de buena salud.

La oración es la clave para que todas las cosas en nuestras vidas vayan bien y para recibir la bendición de la buena salud en cuerpo y espíritu. En 1 Juan 5:18 se nos ha prometido: *"Sabemos que todo aquel que ha nacido de Dios, no practica el pecado, pues Aquel que fue engendrado por Dios le guarda, y el maligno no le toca".* Es por esta razón que cuando nos mantenemos alertas, oramos y caminamos en la luz, seremos cuidados del enemigo diablo y, si incluso caemos en tentación,

Dios nos mostrará el camino para escapar de ello y todas las cosas servirán de bien para aquellos que aman a Dios.

Ya que Él nos ha dicho que oremos continuamente, debemos convertirnos en Sus hijos bendecidos que llevamos nuestras vidas en Cristo al mantenernos alertas, apartar al enemigo diablo y recibir todas las cosas con las que Él quiere bendecirnos.

En 1 Tesalonicenses 5:23 encontramos lo siguiente: *"Y el mismo Dios de paz os santifique por completo; y todo vuestro ser, espíritu, alma y cuerpo, sea guardado irreprensible para la venida de nuestro Señor Jesucristo".*

¡Ruego en el nombre del Señor que usted pueda recibir la ayuda del Espíritu Santo al mantenerse alerta y en constante oración, que pueda llegar a tener un corazón intachable e impecable como hijo de Dios al abstenerse de toda naturaleza pecaminosa dentro de usted y que circuncide su corazón mediante el Espíritu Santo, que pueda disfrutar de autoridad como Su hijo cuya alma prospera, todas las cosas en su vida son exitosas y recibe la bendición de la buena salud y da gloria a Dios en todo lo que hace!

Capítulo 5

La oración eficaz del justo

Santiago 5:16-18

"...la oración eficaz del justo puede mucho. Elías era hombre sujeto a pasiones semejantes a las nuestras y oró fervientemente para que no lloviese, y no llovió sobre la tierra por tres años y seis meses. Y otra vez oró, y el cielo dio lluvia, y la tierra produjo su fruto".

1. La oración de fe que sana a los enfermos

Cuando examinamos nuestras vidas, hay momentos en los que oramos en medio del sufrimiento y momentos en los cuales alabamos y nos regocijamos luego de recibir las respuestas de Dios. Hay momentos cuando oramos por los demás por la sanidad de las personas que amamos y momentos cuando le damos a Dios la gloria luego de alcanzar mediante la oración lo que ha sido imposible para el hombre.

En Hebreos 11 encontramos muchas referencias acerca de la fe. En el primer verso se nos recuerda lo siguiente: *"Es, pues, la fe la certeza de lo que se espera, la convicción de lo que no se ve"*, mientras que en el verso 6 nos dice: *"Pero sin fe es imposible agradar a Dios; porque es necesario que el que se acerca a Dios crea que le hay, y que es galardonador de los que le buscan"*.

La fe se clasifica en dos, "fe carnal" y "fe espiritual". Por una parte, mediante la fe carnal podemos creer en la Palabra de Dios solo cuando está en acuerdo con nuestros pensamientos. Esta fe carnal no trae ningún cambio en nuestras vidas. Por otra parte, mediante la fe espiritual, podemos creer en el poder del Dios vivo y Su Palabra *tal como es*, aunque no esté en acuerdo con nuestro pensamiento y teoría. Mientras creemos en la Palabra de Dios que creó las cosas de la nada, experimentamos cambios tangibles en nuestras vidas así como Sus señales y prodigios milagrosos, y llegamos a creer que todas las cosas son verdaderamente posibles para aquellos que creen.

Es por esta razón que Jesús nos dice: *"Y estas señales seguirán a los que creen: En mi nombre echarán fuera demonios; hablarán nuevas lenguas; tomarán en las manos serpientes, y si bebieren cosa mortífera, no les hará daño; sobre los enfermos pondrán sus manos, y sanarán"* (Marcos 16:17-18), *"...Si puedes creer, al que cree todo le es posible"* (Marcos 9:23), y además: *"Por tanto, os digo que todo lo que pidiereis orando, creed que lo recibiréis, y os vendrá"* (Marcos 11:24).

¿Cómo podemos poseer fe espiritual y de primera mano experimentar el grandioso poder de Dios? Por sobre todas las cosas, debemos recordar que el apóstol Pablo nos dice en 2 Corintios 10:5 lo siguiente: *"Derribando argumentos y toda altivez que se levanta contra el conocimiento de Dios, y llevando cautivo todo pensamiento a la obediencia a Cristo"*. No debemos considerar el conocimiento que hemos adquirido hasta este punto como la verdad. Al contrario, debemos derribar cada pensamiento y teoría que está en violación a la Palabra de Dios, ser obedientes a Su Palabra que es la verdad y vivir por medio de ella. Mientras nosotros derribemos los pensamientos carnales y nos abstengamos de la falsedad dentro de nuestras vidas, nuestra alma poseerá fe espiritual por medio de la cual podemos creer.

La fe espiritual es la medida de la fe que Dios nos ha dado

a cada uno de nosotros (Romanos 12:3). Luego de que se nos predicó el evangelio y aceptamos a Jesucristo, nuestra fe era tan pequeña como una semilla de mostaza. Mientras continuamos de manera diligente asistiendo a los servicios de adoración, escuchando la Palabra de Dios y viviendo por medio de ella, llegamos a ser mucho más justos. Además, cuando nuestra fe crece y llega a ser una fe grande, ciertamente nos acompañarán las señales a aquellos que hemos creído.

Al orar por la sanidad de los enfermos, la fe espiritual de los que oran debe estar inmersa en aquella oración. Ya que el centurión descrito en Mateo 8, cuyo criado se había paralizado y se encontraba en un terrible sufrimiento, tuvo fe para creer que su criado sería sanado si Jesús tan solo decía la palabra, este fue sanado en ese mismo instante (Mateo 8:5-13).

Además, cuando oramos por los enfermos debemos ser audaces en nuestra fe y no dudar ya que Dios nos dice: *"Pero pida con fe, no dudando nada; porque el que duda es semejante a la onda del mar, que es arrastrada por el viento y echada de una parte a otra. No piense, pues, quien tal haga, que recibirá cosa alguna del Señor"* (Santiago 1:6-7).

Dios se complace con una fe firme y constante que no oscila de aquí para allá, y que cuando nos unimos en amor y oración por los enfermos con fe, Dios obra de maneras más asombrosas. Ya que las enfermedades son el resultado del pecado, Dios es el SEÑOR tu sanador (Éxodo 15:26 LBLA), cuando confesamos nuestros pecados el uno al otro y oramos por los demás, Dios nos da de Su perdón y sanidad.

Cuando se ora con fe y amor espiritual, se podrá experimentar la grandiosa obra de Dios, se testificará del amor del Señor y se lo honrará.

2. La oración del justo es poderosa y eficaz

De acuerdo a la definición del diccionario *The Merriam-Webster Dictionary*, una persona justa es alguien que "actúa en acuerdo con la ley moral o divina; libre de culpa o pecado". No obstante, Romanos 3:10 nos dice: *"No hay justo, ni aun uno"*. Y Dios nos dice: *"Porque no son los oidores de la ley los justos ante Dios, sino los hacedores de la ley serán justificados"* (Romanos 2:13), y: *"ya que por las obras de la ley ningún ser humano será justificado delante de él; porque por medio de la ley es el conocimiento del pecado"* (Romanos 3:20).

El pecado entró al mundo por medio de la desobediencia de Adán, el primer hombre que fue creado, e innumerables personas llegaron a ser condenadas por medio del pecado de un solo hombre (Romanos 5:12, 18). Para la humanidad, que se quedó corta de Su gloria, aparte de la ley, la justicia de Dios se ha manifestado e incluso la justicia de Dios viene por la fe en Jesucristo para todos aquellos que creen (Romanos 3:21-23).

Y ya que para este mundo la 'justicia' fluctúa de acuerdo a los valores de cada generación, no puede ser una verdadera norma de justicia. Sin embargo, debido a que Dios nunca cambia, Su justicia puede ser el estándar de la verdadera justicia.

Es así que en Romanos 3:28 leemos: *"Concluimos, pues, que el hombre es justificado por fe sin las obras de la ley"*. De esta manera, no anulamos la ley mediante nuestra fe, sino al contrario, la establecemos (Romanos 3:31).

Si somos justificados mediante la fe, debemos producir el fruto de llegar a la santidad al ser liberados del pecado y convertirnos en esclavos de Dios. Debemos luchar para llegar a ser verdaderamente justos al abstenernos de toda falsedad que va en violación con la Palabra de Dios y vivir mediante Su Palabra, la verdad en sí.

Dios declara que las personas 'justas' cuya fe está acompañada por obras y quienes luchan por vivir mediante Su Palabra día tras día, manifiestan Su obra en respuesta a sus oraciones. ¿Cómo podrá Dios responder a alguien que asiste a la iglesia pero ha levantado un muro de pecado entre él y Dios mediante la desobediencia a sus padres, disputas con sus hermanos y teniendo un mal comportamiento?

Dios hace de la oración del hombre justo, quien obedece y vive por medio de Su Palabra y lleva con él la prueba de su amor por Dios, una oración poderosa y eficaz, al darle la fortaleza de la oración.

En Lucas 18:1-18 encontramos la parábola de la viuda persistente. Se presenta a una viuda que trae un caso ante un juez que no tenía temor de Dios y no respetaba a las personas. Aunque el juez no tenía ni temor de Dios ni se preocupaba por las personas, eventualmente terminó ayudando a la viuda. El juez se dijo a sí mismo: *"Aunque ni temo a Dios, ni tengo respeto a hombre, sin embargo, porque esta viuda me es molesta, le haré justicia, no sea que viniendo de continuo, me agote la paciencia"* (Lucas 18:4-5).

Al final de esta parábola Jesús dijo: *"Y dijo el Señor: Oíd lo que dijo el juez injusto. ¿Y acaso Dios no hará justicia a sus escogidos, que claman a él día y noche? ¿Se tardará en responderles? Os digo que pronto les hará justicia. Pero cuando venga el Hijo del Hombre, ¿hallará fe en la tierra?"* (Lucas 18:6-8)

No obstante, cuando miramos a nuestro alrededor existen personas que profesan ser hijos de Dios, oran de día y de noche y frecuentemente ayunan, sin embargo, no reciben Sus respuestas. Este tipo de individuos deben darse cuenta que aún no son justos ante los ojos de Dios.

Filipenses 4:6-7 nos dice: *"Por nada estéis afanosos, sino sean conocidas vuestras peticiones delante de Dios en toda oración y ruego, con acción de gracias. Y la paz de Dios, que sobrepasa todo entendimiento, guardará vuestros corazones y vuestros pensamientos en Cristo Jesús"*. Dependiendo de cuánto alguien se haya vuelto 'justo' a los ojos de Dios y ore mediante la fe con amor, el grado en el cual recibirá respuesta de Dios variará. Luego que alcance la calificación como una persona justa y ore, podrá recibir las respuestas de Dios rápidamente y darle a Él la gloria. Por consiguiente, es de suma importancia para las personas derribar el muro de pecado que se interpone en el camino hacia Dios, llegar a poseer las calificaciones para poder ser declarado como alguien 'justo' a los ojos de Dios, y orar fervientemente mediante la fe y con amor.

3. Dones y poder

Los 'dones' son regalos que Dios da gratuitamente y se refieren a una obra especial de Dios en Su amor. Mientras más ora un individuo, llegará a desear y a pedir aún más los dones de Dios. Sin embargo, es muy posible que en ciertas ocasiones le pida a Dios un don en acuerdo con su deseo deshonesto. Esto traerá a su vida destrucción, y ya que no es correcto a los ojos de Dios, uno debe cuidarse de ello.

En Hechos 8 encontramos a un hechicero llamado Simón quien, luego de que se le predicó el evangelio por Felipe, lo siguió por todas partes y fue sorprendido por las grandiosas señales y milagros que vio (versos 9-13). Cuando Simón vio que el Espíritu Santo era dado a los demás mediante la imposición de manos de Pedro y Juan, él le ofreció al apóstol dinero y les pidió: *"Dadme también a mí este poder, para que cualquiera a quien yo impusiere las manos reciba el Espíritu Santo"* (versos 17-19). En respuesta Pedro exhortó a Simón: *"Tu dinero perezca contigo, porque has pensado que el don de Dios se obtiene con dinero. No tienes tú parte ni suerte en este asunto, porque tu corazón no es recto delante de Dios. Arrepiéntete, pues, de esta tu maldad, y ruega a Dios, si quizá te sea perdonado el pensamiento de tu corazón; porque en hiel de amargura y en prisión de maldad veo que estás"* (versos 20-23).

Ya que los dones son entregados a aquellos que dan a conocer al Dios vivo y salvan la humanidad, deben ser manifestados bajo la supervisión del Espíritu Santo. De esta manera, antes de pedirle a Dios dones, debemos primeramente luchar para llegar a ser justos ante Sus ojos.

Luego de que nuestra alma prospere y hayamos sido moldeados como instrumentos que Dios pueda utilizar, Él nos da permiso para que pidamos dones bajo la inspiración del Espíritu Santo y así darnos lo que le pedimos.

Nosotros sabemos que cada uno de los patriarcas de la fe fue utilizado por Dios para una variedad de propósitos. Algunos manifestaron grandemente el poder de Dios, otros solo profetizaron sin manifestar el poder de Dios y otros solo enseñaron a los demás. Mientras más ellos poseían fe y amor completo, Dios les dio un poder grandioso y les permitió manifestar obras grandiosas.

Cuando Moisés vivió como un príncipe de Egipto, su temperamento era fuerte e impulsivo, incluso llegó a matar en un momento a un egipcio que maltrataba a uno de sus hermanos israelitas (Éxodo 2:12). Sin embargo, luego de muchas pruebas Moisés llegó a ser el hombre más humilde en toda la Tierra, y de esta manera recibió un poder muy grande. Moisés sacó a los israelitas de Egipto al manifestar una gran variedad de señales y prodigios (Números 12:3).

Además conocemos la oración del profetas Elías en Santiago 5:17-18 que dice: *"Elías era hombre sujeto a pasiones semejantes a las nuestras, y oró fervientemente para que no lloviese, y no llovió sobre la tierra por tres años y seis meses. Y otra vez oró, y el cielo dio lluvia, y la tierra produjo su fruto".*

Como hemos visto y la Biblia lo menciona, la oración de la persona que es justa es poderosa y eficaz. La fortaleza y poder de una persona justa es distinguida. Si bien hay una especie de oración con la que las personas son incapaces de recibir las respuestas de Dios, incluso después de muchas horas de oración, existe también la oración de gran fuerza que hace que desciendan Sus respuestas, así como la manifestación de Su poder. Dios se deleita en aceptar la oración de fe, amor y sacrificio y permite a las personas que le den la gloria a Él por medio de varios dones y el poder que da a las personas.

No obstante, no fuimos justos desde un principio, sino luego de aceptar a Jesucristo hemos sido justos por la fe. Llegamos a ser justos en la medida que nos damos cuenta del pecado al escuchar Su Palabra, abstenernos de la falsedad y hacer que nuestra alma prospere. Además, para poder ser transformados en personas más justas, mientras más vivamos y andemos en la luz y en la justicia, todos los días de nuestras vidas deben ser cambiados por Dios para que de esta manera podamos confesar de la forma en que el apóstol Pablo lo hizo: "Cada día muero" (1 Corintios 15:31).

Le animo a que examine su vida hasta este punto y vea si es que hay un muro que se interpone en su camino hacia Dios y, si es así, derríbelo sin pasar más tiempo.

¡Ruego en el nombre del Señor que usted pueda obedecer mediante la fe, el sacrificio de amor y que ore como una persona justa para que sea declarado 'justo', reciba Sus bendiciones en todas las cosas que hace y que pueda darle sin reservas la gloria a Dios!

Capítulo 6

El gran poder de la oración
en acuerdo

Mateo 18:19-20

"Otra vez os digo, que si dos de vosotros se pusieren de acuerdo en la tierra acerca de cualquiera cosa que pidieren, les será hecho por mi Padre que está en los cielos. Porque donde están dos o tres congregados en mi nombre, allí estoy yo en medio de ellos".

1. Dios se deleita al recibir la oración en acuerdo

Un proverbio coreano nos dice: "Hasta una hoja de papel pesa menos cuando dos la levantan". En vez de aislarse uno mismo e intentar hacer todas las cosas por sí solo, este viejo adagio nos enseña que la eficiencia se levantará y se esperará un mejor resultado cuando dos o más personas trabajen juntas. El cristianismo que enfatiza el amor por el prójimo y la comunidad de la iglesia, tiene que ser también un buen ejemplo en este aspecto.

Eclesiastés 4:9-12 nos dice: *"Mejores son dos que uno; porque tienen mejor paga de su trabajo. Porque si cayeren, el uno levantará a su compañero; pero ¡ay del solo! que cuando cayere, no habrá segundo que lo levante. También si dos durmieren juntos, se calentarán mutuamente; mas ¿cómo se calentará uno solo? Y si alguno prevaleciere contra uno, dos le resistirán; y cordón de tres dobleces no se rompe pronto".* Estos versos nos enseñan que cuando las personas se unen y colaboran, puede producirse un gran poder y gozo.

Al respecto, Mateo 18:19-20 nos dice cuán importante es para los creyentes reunirse y orar en acuerdo. Existe la 'oración individual' por medio de la cual las personas oran por sus propios problemas de manera individual o mientras meditan sobre la palabra en momentos de tranquilidad, y la 'oración en acuerdo' por medio de la cual un número de personas se juntan para clamar a Dios.

Tal como Jesús nos dice: "si dos de vosotros se pusieren de acuerdo en la tierra", y "donde están dos o tres congregados en mi nombre", la oración en acuerdo se refiere a la oración de muchos con un solo sentir. Dios nos dice que Él se deleita en aceptar la oración en acuerdo y nos promete que hará todo lo que le pidamos y que estará presente cuando dos o tres se reúnan en el nombre del Señor.

¿Cómo podemos darle la gloria a Dios con respuestas que hemos recibido por medio de la oración en acuerdo en nuestro hogar e iglesia y dentro de nuestro grupo o célula? Profundicemos en el significado y métodos de la oración en acuerdo y en hacer del poder nuestro pan diario, para que de esta manera podamos recibir de parte de Dios todo lo que pedimos en oración para Su reino, justicia y la iglesia, y así darle gran honor a Él.

2. Significado de la oración en acuerdo

En los primeros versos en los cuales está basado este capítulo, Jesús nos dice: *"Otra vez os digo, que si dos de vosotros se pusieren de acuerdo en la tierra acerca de cualquiera cosa que pidieren, les será hecho por mi Padre que está en los cielos"* (Mateo 18:19). Aquí encontramos algo un tanto peculiar. En vez de referirse a la oración de 'una persona', 'tres' o 'dos o más personas', ¿por qué dijo Jesús de manera específica: "si dos de vosotros se pusieren de acuerdo en la tierra acerca de cualquiera cosa que pidieren"; y puso énfasis en que sean 'dos' personas? "Dos de vosotros" aquí significa, en términos relativos, cada uno de nosotros; "yo" y el resto de la gente. En otras palabras, "dos de vosotros" puede referirse a una persona, diez personas, un centenar de personas o un millar de personas, además de uno mismo.

Entonces, ¿cuál es el significado espiritual de "dos de vosotros"? Tenemos nuestro propio "yo" y dentro de nosotros habita el Espíritu Santo con Su propio carácter. Como leemos en Romanos 8:26 que dice: *"Y de igual manera el Espíritu nos ayuda en nuestra debilidad; pues qué hemos de pedir como conviene, no lo sabemos, pero el Espíritu mismo intercede por nosotros con gemidos indecibles"*, el Espíritu Santo quien intercede por nosotros, hace de nuestro corazón un templo en el cual puede habitar.

Recibimos la autoridad por la cual somos llamados hijos de Dios cuando primeramente creemos y aceptamos a Jesús como nuestro Salvador. El Espíritu Santo viene y revive nuestro espíritu que había estado muerto debido a nuestro pecado original. Por consiguiente, en cada uno de los hijos de Dios está su propio corazón y el Espíritu Santo con Su propio carácter.

"Dos personas en la Tierra"; significa la oración de nuestro propio corazón y la oración de nuestro espíritu, que es la intercesión del Espíritu Santo (1 Corintios 14:15; Romanos 8:26). Decir: "si dos de vosotros se pusieren de acuerdo en la tierra acerca de cualquiera cosa que pidieren", significa que estas dos oraciones son ofrecidas a Dios en acuerdo. Además, cuando el Espíritu Santo se junta con otra persona en su oración o dos o más personas en su oración, es para "ustedes dos" en la Tierra un acuerdo sobre cualquier cosa que pidan.

Al recordar la importancia de la oración en acuerdo, debemos experimentar el cumplimiento de la promesa del Señor: *"Otra vez os digo, que si dos de vosotros se pusieren de acuerdo en la tierra acerca de cualquiera cosa que pidieren, les será hecho por mi Padre que está en los cielos"* (Mateo 18:19).

3. Métodos de la oración en acuerdo

Dios se complace en aceptar la oración en acuerdo, da pronta respuesta a este tipo de oración y manifiesta Su grandiosa obra porque las personas oran a Él con un solo sentir.

Seguramente será una fuente de alegría desbordante, paz y gloria infinita de Dios, si el Espíritu Santo y cada uno de nosotros ora con un solo sentir. Podremos atraer las 'respuestas de fuego' e incondicionalmente testificar del Dios vivo. Sin embargo, llegar a tener 'un solo sentir' no es una tarea fácil y llevar el corazón a un acuerdo conlleva una implicación muy importante.

Supongamos que un empleado tiene dos patrones. ¿No estaría su lealtad y corazón de servicio naturalmente dividido?

El problema se empeora si los dos patrones de este empleado poseen diferentes personalidades y gustos.

Una vez más, supongamos que dos personas se reúnen para planificar un evento; si fracasan en ponerse de acuerdo, y al contrario, se mantienen divididos en su propia opinión, sería más saludable concluir que las cosas no marchan bien. Además, si los dos realizan su propio trabajo con diferentes metas en sus corazones, es posible que por fuera se perciba que su planificación marcha bien, sin embargo el resultado no será notorio. Por consiguiente, la habilidad de estar en un mismo sentir si es que ora solo, con alguien más o con dos o más personas, es la clave para recibir la respuesta de Dios.

Entonces, ¿cómo podemos estar en un mismo sentir en oración?

Las personas que oran en acuerdo deben hacerlo bajo la inspiración del Espíritu Santo, ser cautivados por Él, llegar a ser uno en el Espíritu y orar en el Espíritu Santo (Efesios 6:18). Ya que el Espíritu Santo lleva en Sí la mente de Dios, Él escudriña todas las cosas, aún lo más profundo de Dios (1 Corintios 2:10) e intercede por nosotros de acuerdo a la voluntad de Dios (Romanos 8:27). Cuando nosotros oramos en la manera que el Espíritu Santo guía nuestras mentes, Dios se complace en aceptar nuestra oración, en darnos las cosas que pidamos e incluso responder a los deseos de nuestro corazón.

Para poder orar con la llenura del Espíritu Santo, debemos

creer en la Palabra de Dios sin dudar, obedecer a la verdad, siempre estar gozosos, continuamente orar y dar gracias en todas las circunstancias. También debemos clamar a Dios con nuestro corazón. Cuando le mostramos a Dios la fe que está acompañada con obras y batallamos en oración, Dios se complace y nos da gozo a través del Espíritu Santo. A esto se le llama estar 'lleno del Espíritu Santo' y estar 'inspirado por Él'.

Algunos nuevos creyentes o aquellos que no han estado orando en forma regular, todavía no han recibido el poder de la oración y, por lo tanto, tienden a encontrar la oración en acuerdo como algo arduo y difícil. Si estas personas intentan orar por una hora, sacarán todo tipo de tópicos de oración y aún así, no podrán orar por una hora completa. Se sentirán cansados y exhaustos; esperarán ansiosamente que el tiempo pase rápido y terminarán balbuceando en oración. Este tipo de oración es 'la oración del alma' que Dios no puede responder.

Para muchas personas, aunque hayan asistido a la iglesia por más de una década, su oración sigue siendo la del alma. La mayoría de personas que se quejan o se desaniman por la falta de las respuestas de Dios, no pueden recibir Sus respuestas ya que sus oraciones son las del alma. Y esto no es para decir que Dios le ha dado Su espalda a sus oraciones. Él escucha su oración, simplemente no puede responderla.

Quizá algunos se pregunten: "¿significa esto que no tiene sentido orar si es que lo hacemos sin la inspiración del Espíritu

Santo?" No obstante, este no es el caso. Aunque oren solo en su pensamiento, mientras de manera diligente clamen a Dios, las puertas de la oración serán abiertas y podrán recibir el poder de la oración y llegar a orar en el espíritu. Sin la oración, las puertas de la misma no podrán ser abiertas. Ya que Dios escucha incluso la oración del alma, una vez que la puerta de la oración se abra se unirá con el Espíritu Santo, llegará a orar con la inspiración del Espíritu Santo y recibirá respuestas de las cosas que haya pedido en el pasado.

Supongamos que hay un hijo que no agrada a sus padres. Debido a que este hijo no puede complacer a su padre mediante sus obras, no recibirá nada de lo que le haya pedido a él. Pero un día el hijo empieza a agradar al padre con sus obras y éste se da cuenta que su hijo es igual a él. Ahora, ¿cómo tratará este padre a su hijo? Recuerde que su relación ya no era lo que solía ser en el pasado. El padre desea darle a su hijo todo lo que le ha pedido e incluso él recibe las cosas que le ha pedido anteriormente.

De igual manera, aunque nuestra oración provenga de nuestro pensamiento, cuando esta se ha acumulado, recibiremos el poder de la oración y llegaremos a orar de manera que sea agradable a Dios mientras las puertas de la oración se abren para usted. Además recibiremos las cosas que incluso le pedimos a Dios en el pasado y nos daremos cuenta que Él no ha ignorado ni siquiera las partes insignificantes de nuestra oración.

Por otra parte, cuando oramos en espíritu con la llenura del Espíritu Santo, no nos cansaremos o cederemos al sueño o a los pensamientos mundanos, sino que oraremos mediante la fe y el gozo. Es así como incluso un grupo de personas pueden orar en acuerdo ya que oran en el espíritu y con amor, con un solo sentir y voluntad.

Leemos en el segundo de los versos en el cual está basado este capítulo: *"Porque donde están dos o tres congregados en mi nombre, allí estoy yo en medio de ellos"* (Mateo 18:20). Cuando las personas se reúnen para orar en el nombre de Jesucristo, los hijos de Dios que han recibido el Espíritu Santo están esencialmente orando en acuerdo, y nuestro Señor seguramente estará donde ellos se encuentran. En otras palabras, cuando un grupo de personas que ha recibido el Espíritu Santo se reúnen y oran en acuerdo, nuestro Señor se encarga de supervisar la mente de cada persona, los une con el Espíritu Santo y los guía a tener un solo sentir para que su oración sea agradable a nuestro Dios.

Sin embargo, si un grupo de personas no puede reunirse y tener un mismo sentir, no podrán orar en acuerdo como un todo u orar desde el corazón de cada participante aunque oren por una meta en común, ya que el corazón de un participante no está en acuerdo con los demás del grupo. Si el sentir de las personas que asisten no puede ser unánime ni logra formar uno solo, el que preside debe llevar un tiempo de alabanza y arrepentimiento para que el sentir de las personas que se encuentran reunidas pueda convertirse en uno en el Espíritu Santo.

Nuestro Señor estará con las personas de oración cuando llegan a ser uno en el Espíritu Santo, mientras Él supervisa y guía el sentir de cada individuo que participa. Cuando la oración de las personas no está en acuerdo, debe entenderse que nuestro Señor no puede estar con ciertos individuos.

Cuando las personas llegan a ser uno en el Espíritu Santo y oran en acuerdo, cada uno orará de corazón, será lleno con el Espíritu Santo, sus cuerpos sudarán y tendrán seguridad de las respuestas de Dios para lo que han pedido, como una ráfaga de gozo de lo alto que los envuelve. Nuestro Señor estará de tal manera con las personas que oran, y este tipo de oración es la que le agrada a Dios.

Al orar en acuerdo con la llenura del Espíritu Santo y de corazón, espero que usted reciba todo lo que ha pedido en oración, y de esta manera, le de la gloria a Dios cuando se reúna con las demás personas de su célula o grupo en su hogar o en la iglesia.

4. El grandioso poder de la oración en acuerdo

Una de las ventajas de orar en acuerdo es la diferencia en el tiempo en el cual las personas reciben las respuestas de Dios y el tipo de obra que Él manifiesta ya que, como ejemplo, hay una diferencia drástica en la cantidad de oración entre una oración de 30 minutos de una persona con una petición, y una oración de 30 minutos de diez personas con la misma petición. Cuando las persona oran en acuerdo y Dios se complace en aceptar sus oraciones, ellas experimentan la innegable manifestación de las obras de Dios y el gran poder de su oración.

En Hechos 1:12-15 encontramos que luego de que nuestro Señor resucitó y ascendió a los Cielos, un grupo de personas, incluyendo Sus discípulos, se reunieron constantemente para orar. El número de personas en aquel grupo era aproximadamente de ciento veinte. Con gran esperanza de recibir el Espíritu Santo que Jesús les había prometido, estas personas se reunieron para orar en acuerdo hasta el día de Pentecostés.

"Cuando llegó el día de Pentecostés, estaban todos unánimes juntos. Y de repente vino del cielo un estruendo como de un viento recio que soplaba, el cual llenó toda la casa donde estaban sentados; y se les aparecieron lenguas repartidas, como de fuego, asentándose sobre cada uno de ellos. Y fueron todos llenos del Espíritu Santo, y comenzaron a hablar en otras lenguas, según el Espíritu les daba que hablasen" (Hechos 2:1-4).

¡Cuán maravillosa fue esta obra de Dios! Mientras oraban

en acuerdo, cada una de las ciento veinte personas que estaban reunidas recibieron el Espíritu Santo y comenzaron a hablar en otras lenguas. Además los apóstoles recibieron gran poder de parte de Dios por lo que el número de personas que aceptaron a Jesucristo y fueron bautizados a través del mensaje de Pedro llegó casi a tres mil (Hechos 2:41). Como toda clase de prodigios y señales milagrosas fueron manifestadas por los apóstoles, el número de creyentes aumentó día tras día y sus vidas comenzaron a ser transformadas (Hechos 2:43-47).

"Entonces viendo (los gobernantes ancianos y escribas) el denuedo de Pedro y de Juan, y sabiendo que eran hombres sin letras y del vulgo, se maravillaban; y les reconocían que habían estado con Jesús. Y viendo al hombre que había sido sanado, que estaba en pie con ellos, no podían decir nada en contra" (Hechos 4:13-14).

"Y por la mano de los apóstoles se hacían muchas señales y prodigios en el pueblo; y estaban todos unánimes en el pórtico de Salomón. De los demás, ninguno se atrevía a juntarse con ellos; mas el pueblo los alababa grandemente. Y los que creían en el Señor aumentaban más, gran número así de hombres como de mujeres; tanto que sacaban los enfermos a las calles, y los ponían en camas y lechos, para que al pasar Pedro, a lo menos su sombra cayese sobre alguno de ellos. Y

aun de las ciudades vecinas muchos venían a Jerusalén,
trayendo enfermos y atormentados de espíritus
inmundos; y todos eran sanados" (Hechos 5:12-16).

Fue el poder de la oración en acuerdo que permitió a los apóstoles predicar valientemente la Palabra, sanar a los ciegos, los inválidos y débiles, revivir a los muertos, sanar todo tipo de enfermedad y echar fuera demonios.

El siguiente es un relato de Pedro, que se encontraba en ese entonces encarcelado durante el reinado de Herodes (Agripa I), que se caracterizó principalmente por su persecución contra el cristianismo. En Hechos 12:5 leemos: *"Así que Pedro estaba custodiado en la cárcel; pero la iglesia hacía sin cesar oración a Dios por él"*. Mientras Pedro estaba durmiendo, atado con dos cadenas, la iglesia se encontraba orando por él en acuerdo. Luego de que Dios escuchó la oración de la iglesia, envió a un ángel para rescatar a Pedro.

La noche anterior a que Herodes llevara a Pedro a juicio, el apóstol estaba atado con dos cadenas y dormido mientras los centinelas hacían guardia en la entrada (Hechos 12:6). Sin embargo, Dios manifestó Su poder al desencadenar a Pedro y hacer que la puerta de hierro de la prisión se abriera por sí sola (Hechos 12:7-10). Luego de llegar a la casa de María, la madre de Juan, también llamado Marcos, Pedro halló que muchas personas se habían reunido y estaban orando por él (Hechos

12:12). Este tipo de obra maravillosa fue el resultado del poder de la oración de la iglesia en acuerdo.

Todo lo que la iglesia hizo por Pedro que se encontraba prisionero, fue orar en acuerdo. De la misma manera, cuando un problema envuelve a una iglesia o cuando la enfermedad ataca a los creyentes, en lugar de emplear los pensamientos del hombre y sus maneras o preocupaciones y sentir angustia, los hijos de Dios deben primeramente creer que Él va a resolver todos los problemas en sus manos y que deben unirse en un solo sentir y orar en acuerdo.

A Dios le interesa mucho la oración de la iglesia en acuerdo, se complace en este tipo de oración y las responde con Sus obras milagrosas. ¿Puede usted imaginar cuánto se agradará Dios al ver a Sus hijos orar en acuerdo por Su reino y justicia?

Mientras las personas llegan a estar llenas del Espíritu Santo y oran con su espíritu cuando se reúnen para orar en acuerdo, experimentarán la grandiosa obra de Dios. Recibirán poder para vivir por medio de la Palabra de Dios, testificarán del Dios viviente de la manera que lo hicieron la iglesia primitiva y los apóstoles y recibirán todo lo que pidan.

Por favor recuerde que nuestro Dios nos ha prometido que nos responderá cuando pidamos y oremos en acuerdo. ¡Ruego en el nombre del Señor que usted pueda comprender por completo el significado de la oración en acuerdo y que celosamente se reúna con aquellos que oran en el nombre de Jesucristo, para que pueda experimentar primeramente el gran poder de la oración en acuerdo, recibir el poder de la oración y llegar a ser un obrero precioso que testifica del Dios vivo!

Capítulo 7

Ore siempre y nunca se dé
por vencido

Lucas 18:1-8

"También les refirió Jesús una parábola sobre la necesidad de orar siempre, y no desmayar, diciendo: Había en una ciudad un juez, que ni temía a Dios, ni respetaba a hombre. Había también en aquella ciudad una viuda, la cual venía a él, diciendo: Hazme justicia de mi adversario. Y él no quiso por algún tiempo; pero después de esto dijo dentro de sí: Aunque ni temo a Dios, ni tengo respeto a hombre, sin embargo, porque esta viuda me es molesta, le haré justicia, no sea que viniendo de continuo, me agote la paciencia. Y dijo el Señor: Oíd lo que dijo el juez injusto. ¿Y acaso Dios no hará justicia a sus escogidos, que claman a él día y noche? ¿Se tardará en responderles? Os digo que pronto les hará justicia. Pero cuando venga el Hijo del Hombre, ¿hallará fe en la tierra?"

1. La parábolas de la viuda persistente

Cuando Jesús enseñaba la Palabra de Dios a las multitudes, no les hablaba sino era por parábolas (Marcos 4:33-34). "La parábola de la viuda persistente" en la que se basa este capítulo, nos ilustra sobre la importancia de la oración persistente, cómo hemos de orar siempre, y cómo no darse por vencido.

¿Con cuánta persistencia ora usted para recibir las respuestas de Dios? ¿Se está tomando un descanso de la oración o se ha dado por vencido debido a que Dios no ha traído respuestas a sus oraciones?

En la vida hay diversos problemas y dificultades tanto grandes como pequeñas. Cuando evangelizamos a las personas y les hablamos acerca del Dios vivo, algunos en busca de Dios comienzan a asistir a la iglesia para solucionar sus problemas y otros van solo para encontrar consuelo en sus corazones.

Independientemente de las razones por las que las personas comienzan a asistir a la iglesia, ya que adoran a Dios y aceptan a Jesucristo, se enteran de que, como hijos de Dios, pueden recibir cualquier cosa que pidan y ser transformados en personas de oración.

De esta manera, todos los hijos de Dios deben aprender por medio de Su Palabra el tipo de oración con la cual Dios se complace, orar en acuerdo con lo esencial de la oración y poseer fe para perseverar y orar hasta que ellos reciban los frutos de las respuestas de Dios. Es por esta razón que las personas con fe están alertas a la importancia de la oración y habitualmente oran. Ellos no cometen el pecado de dejar de orar aunque no reciben las respuestas de inmediato. En vez de darse por vencidos, oran incluso de manera más ferviente.

Solo por medio de este tipo de fe, las personas pueden recibir las respuestas de Dios y darle a Él la gloria. No obstante, aunque una gran cantidad de personas profesan ser creyentes, es difícil hallar a individuos con este tipo de fe. Es por eso que nuestro Señor se lamenta y pregunta: *"Pero cuando venga el Hijo del Hombre, ¿hallará fe en la tierra?"* (Lucas 18:8)

En cierto pueblo había un juez injusto a quien una viuda constantemente iba para que le haga justicia y le decía: "Hazme justicia de mi adversario". Este juez corrupto esperaba un soborno pero esta viuda pobre no podía ni siquiera mostrarle una pequeña muestra de agradecimiento a este juez. Sin embargo, la viuda seguía yendo donde el juez y le suplicaba, pero este se negaba a contestar al pedido de ella. Entonces un día su corazón de repente cambió. ¿Sabe usted por qué? Escuche lo que este juez injusto se dijo a sí mismo:

"Aunque ni temo a Dios, ni tengo respeto a hombre, sin embargo, porque esta viuda me es molesta, le haré justicia, no sea que viniendo de continuo, me agote la paciencia" (Lucas 18:4-5).

Debido a que la viuda nunca se rindió y siguió yendo donde él con su pedido, incluso este juez injusto sólo pudo sucumbir a los deseos de la viuda que le molestaba. Al final de esta parábola, la cual Jesús utilizó para darnos la clave para recibir las respuestas de Dios, concluyó diciendo: *"Oíd lo que dijo el juez injusto ¿Y acaso Dios no hará justicia a sus escogidos, que claman a él día y noche? ¿Se tardará en responderles? Os digo que pronto les hará justicia"* (Lucas 18:6-8).

Si un juez injusto escuchó la súplica de una viuda, ¿por qué razón el Dios justo no responderá cuando Sus hijos clamen a Él? Si ellos se comprometen a recibir una respuesta para un problema específico de manera rápida, se quedan despiertos toda la noche y batallan en oración, ¿cómo Dios no les responderá con rapidez? Estoy seguro que muchos de ustedes han escuchado ejemplos en los cuales las personas han recibido Sus respuestas durante un período de voto de oración.

En Salmos 50:15 Dios nos dice: *"E invócame en el día de la angustia; te libraré, y tú me honrarás"*. En otras palabras, Dios quiere que lo honremos al responder nuestras oraciones. Jesús nos recuerda en Mateo 7:11 lo siguiente: *"Pues si vosotros, siendo malos, sabéis dar buenas dádivas a vuestros hijos, ¿cuánto más vuestro Padre que está en los cielos dará buenas cosas a los que le pidan?"* ¿Cómo Dios, Quien sin reserva nos dio a Su Hijo unigénito para que muriera por nosotros, no responderá la oración de Sus hijos amados? Dios desea dar pronta respuesta a Sus hijos que le aman.

No obstante, ¿por qué tantas personas dicen no tener Sus respuestas a pesar de que oran? La Palabra de Dios nos dice de manera especial en Mateo 7:7-8: *"Pedid, y se os dará; buscad, y hallaréis; llamad, y se os abrirá. Porque todo aquel que pide, recibe; y el que busca, halla; y al que llama, se le abrirá"*. Es por esta razón que es imposible que nuestras oraciones no sean respondidas. No obstante, Dios no puede contestar nuestra oración debido al muro que se interpone en nuestro camino hacia Él ya que no hemos orado lo suficiente o porque aún no ha llegado el momento para que recibamos Sus respuestas.

Siempre debemos orar sin darnos por vencidos ya que, cuando perseveramos y nos mantenemos orando mediante la fe, el Espíritu Santo derriba el muro que se interpone entre nosotros y Dios y abre el camino para las respuestas de Dios por medio del arrepentimiento. Cuando la cantidad de oración llega a ser la suficiente a los ojos de Dios, Él seguramente nos responderá.

En Lucas 11:5-8 Jesús nos enseña nuevamente acerca de la perseverancia y la importunidad:

> *"Les dijo también: ¿Quién de vosotros que tenga un amigo, va a él a medianoche y le dice: Amigo, préstame tres panes, porque un amigo mío ha venido a mí de viaje, y no tengo qué ponerle delante; y aquél,*

respondiendo desde adentro, le dice: No me molestes;
la puerta ya está cerrada, y mis niños están conmigo en
cama; no puedo levantarme, y dártelos? Os digo, que
aunque no se levante a dárselos por ser su amigo, sin
embargo por su importunidad se levantará y le dará
todo lo que necesite ".

Jesús nos enseña que Dios no rehúsa sino que responde a la importunidad de Sus hijos. Cuando oramos a Dios, debemos orar valientemente y con perseverancia. Esto no quiere decir que sólo exige, sino que ora y pide con un sentido de certeza por la fe. La Biblia frecuentemente menciona que muchos de los patriarcas de la fe recibieron respuestas con este tipo de oración.

Luego de que Jacob batalló con un ángel a orilla de río Jaboc hasta el amanecer, oró fervientemente e hizo un fuerte pedido por bendición diciendo: *"No te dejaré, si no me bendices "* (Génesis 32:26), y Dios permitió que Jacob recibiera la bendición. Desde ese momento en adelante, Jacob fue llamado "Israel" y se convirtió en el patriarca de los israelitas.

En Mateo 15, una mujer cananea cuya hija estaba sufriendo de posesión demoníaca vino primeramente donde Jesús y clamó a Él: *"¡Señor, Hijo de David, ten misericordia de mí! Mi hija es gravemente atormentada por un demonio "*. Sin embargo, Jesús no le dijo ni una sola palabra (Mateo 15:22-23). Cuando la mujer vino por segunda vez, se arrodilló delante de Él y le rogó, entonces Jesús simplemente le dijo: *"No soy enviado sino a las ovejas perdidas de la casa de Israel"*, y rehusó al clamor de aquella mujer (Mateo 15:25-26). Cuando esta mujer importunó a Jesús nuevamente y dijo: *"Sí, Señor; pero aun los perrillos comen de las migajas que caen de la mesa de sus amos"*, entonces Jesús le dijo a la mujer: *"Oh mujer, grande es tu fe; hágase contigo como quieres"* (Mateo 15:27-28).

De manera similar, nosotros debemos seguir los pasos de nuestros padres de la fe en acuerdo a la Palabra de Dios y siempre orar, haciéndolo con fe, con un sentido de certeza y con un corazón ferviente. Mediante la fe en nuestro Dios, quien nos permite cosechar a su debido tiempo, debemos convertirnos en verdaderos seguidores de Cristo en nuestra vida de oración sin darnos por vencidos.

2. ¿Por qué siempre debemos mantenernos en oración?

Así como una persona es incapaz de mantener la vida sin la respiración, los hijos de Dios que han recibido el Espíritu Santo no pueden llegar a la vida eterna sin la oración. La oración es un diálogo con el Dios vivo y el aliento de nuestro espíritu. Si los hijos de Dios que han recibido el Espíritu Santo no se comunican con Él, se apaga el fuego del Espíritu Santo y, por lo tanto, ya no serán capaces de caminar en el sendero de la vida, sino que se extraviarán en el camino de la muerte, y al final no alcanzarán la salvación.

Sin embargo, ya que la oración establece comunicación con Dios, alcanzaremos la salvación al escuchar la voz del Espíritu Santo y aprenderemos y viviremos por la voluntad de Dios. Aunque los problemas se interpongan en nuestro camino, Dios nos dará la manera de evitarlos. Además obrará para nuestro bien en todas las cosas. Mediante la oración también experimentaremos el poder del Dios Todopoderoso quien nos fortalece para enfrentar y vencer al enemigo diablo, dando gloria a Él con fe firme, la misma que puede hacer de lo imposible algo posible.

De esta manera, la Biblia nos ordena que oremos sin cesar (1 Tesalonicenses 5:17) y esto es 'la voluntad de Dios' (1 Tesalonicenses 5:18). Jesús estableció para nosotros un ejemplo apropiado de oración al orar continuamente de acuerdo con la voluntad de Dios independientemente del tiempo y lugar. Él oró en el desierto, en un monte y en muchos otros lugares orando de madrugada y por la noche.

Al orar continuamente, nuestros padres de la fe vivieron mediante la voluntad de Dios. El profeta Samuel nos dice: *"Así que, lejos sea de mí que peque yo contra Jehová cesando de rogar por vosotros; antes os instruiré en el camino bueno y recto"* (1 Samuel 12:32). La oración es la voluntad de Dios y uno de Sus mandamientos, es por eso que Samuel nos dice que dejar de orar se constituye en un pecado.

Cuando dejamos de orar o nos tomamos un descanso de la oración, los pensamientos mundanos infiltrarán nuestra mente y nos impedirán vivir por la voluntad de Dios, y así enfrentaremos dificultades ya que nos encontraremos sin la protección de Dios. De esta manera, cuando las personas caen en tentación se quejan de Dios o se desvían de Sus caminos aún más.

Es por esta razón que 1 Pedro 5:8-9 nos dice: *"Sed sobrios, y velad; porque vuestro adversario el diablo, como león rugiente, anda alrededor buscando a quien devorar; al cual resistid firmes en la fe, sabiendo que los mismos padecimientos se van cumpliendo en vuestros hermanos en todo el mundo"*, y nos insta a orar constantemente. Oremos no solo cuando estemos en problemas sino siempre, para que seamos hijos de Dios bendecidos y que cada asunto en la vida nos vaya bien.

3. En el momento oportuno cosecharemos

En Gálatas 6:9 leemos: *"No nos cansemos, pues, de hacer bien; porque a su tiempo segaremos, si no desmayamos"*. Lo mismo sucede con la oración. Cuando oramos siempre de acuerdo a la voluntad de Dios sin darnos por vencidos y cuando llegue el momento oportuno, cosecharemos.

Si un agricultor se impacienta poco después de la siembra de una semilla y la desentierra, o si no cuida los brotes y espera,

¿cuál sería el punto de tratar de recoger una cosecha? Hasta que recibamos respuesta a nuestra oración, es necesario que demostremos dedicación y perseverancia.

Además el tiempo de la cosecha varía de acuerdo al tipo de semilla que se siembra. Algunas semillas dan fruto a los pocos meses, mientras que otras pueden tomar años. Los vegetales y los granos se cosechan con mayor facilidad que las manzanas o verduras exóticas como el ginseng. Para los cultivos más precioso y costosos se necesita invertir mayor tiempo y dedicación.

Debe darse cuenta que se requiere de mayor oración en el caso de problemas más serios y grandes. Cuando el profeta Daniel vio una visión acerca del futuro de Israel, hizo duelo durante tres semanas y oró, Dios escuchó la oración de Daniel el primer día y envió un ángel para asegurarse de que el profeta esté consciente de ello (Daniel 10:12). Sin embargo, como el príncipe de la potestad del aire resistió al ángel durante veintiún días, este no podía llegar a Daniel en el último día, y sólo entonces Daniel llegó a conocer esto a ciencia cierta (Daniel 10:13-14).

¿Que hubiera sucedido si Daniel se hubiera rendido y dejado de orar? Aunque se hubiera angustiado y perdido fuerzas luego de ver la visión, Daniel se mantuvo en oración y al final recibió la respuesta de Dios.

Cuando nosotros perseveramos con fe y oración hasta recibir Sus respuestas, Dios nos da una ayuda y nos guía a Sus respuestas. Es por eso que el ángel que llevaba la respuesta de Dios a Daniel le dijo al profeta: *"Mas el príncipe del reino de Persia se me opuso durante veintiún días; pero he aquí Miguel, uno de los principales príncipes, vino para ayudarme, y quedé allí con los reyes de Persia. He venido para hacerte saber lo que ha de venir a tu pueblo en los postreros días; porque la visión es para esos días"* (Daniel 10:1-14).

¿Por qué tipo de problemas ora usted? ¿Es su oración aquella que alcanza el trono de Dios? Para poder comprender la visión que Dios le había mostrado, Daniel decidió humillarse al no comer ninguna comida deliciosa, ni carnes o vino entró a su boca, ni se ungió con ungüento hasta que se cumplieron tres semanas (Daniel 10:3). Al humillarse a sí mismo durante esas tres semanas en voto de oración, Dios escuchó su oración y respondió al primer día.

Aquí, preste atención al hecho de que mientras Dios escuchó la oración de Daniel y respondió al profeta en el primer día, tomó tres semanas para que dicha respuesta llegara a Daniel. Muchas personas, al enfrentar un problema serio, intentan orar por un día o dos y pronto se rinden. Dicha práctica se debe a su poca fe.

Lo que más necesitamos en nuestra generación actual es el tipo de corazón que cree solo en nuestro Dios, que seguramente trae respuestas, persevera y ora sin importar el tiempo de la llegada de la respuesta de Dios. ¿Cómo podemos esperar recibir las respuestas de Dios sin perseverar?

Dios da a Su tiempo la lluvia; lluvia temprana y tardía, y establece el tiempo para la cosecha (Jeremías 5:24). Por esta razón Jesús, en Marcos 11:24, nos dijo: *"Por tanto, os digo que todo lo que pidiereis orando, creed que lo recibiréis, y os vendrá"*. Ya que Daniel creyó en Dios, Quien responde a nuestro pedido, él perseveró y no tomó un descanso de la oración hasta recibir la respuesta de Dios.

La Biblia nos dice: *"Es, pues, la fe la certeza de lo que se espera, la convicción de lo que no se ve"* (Hebreos 11:1). Si alguien se ha dado por vencido en la oración porque no ha recibido aún la respuesta de Dios, no debe pensar que tiene fe o que recibirá las respuestas de Dios. Si tiene fe verdadera, no se quedará en las circunstancias actuales, sino que orará siempre sin rendirse. Es por eso que cree que Dios, Quien nos permite cosechar lo que hemos sembrado y nos recompensa por lo que hemos hecho, seguramente traerá respuestas.

Ruego en el nombre del Señor que, como leemos en Efesios 5:7-8: *"No seáis, pues, partícipes con ellos. Porque en otro tiempo erais tinieblas, mas ahora sois luz en el Señor; andad como hijos de luz"*, que usted pueda poseer fe verdadera, persevere en la oración al Dios Todopoderoso y reciba todas las cosas que pida en oración y lleve una vida llena de Sus bendiciones.

Acerca del autor:
Dr. Jaerock Lee

El Rev. Dr. Jaerock Lee nació en 1943 en Muan, Provincia de Jeonnam, República de Corea. A sus veinte años, él padeció de una serie de enfermedades incurables durante siete años, y al no tener ninguna esperanza de recuperación, él esperaba únicamente la muerte. Cierto día, durante la primavera de 1974, fue invitado por su hermana a una iglesia, y cuando se inclinó para orar, el Dios vivo inmediatamente lo sanó de todas sus enfermedades.

Desde el momento en que el Rev. Dr. Lee conoció a Dios a través de aquella experiencia maravillosa, él ha amado a Dios con todo su corazón y sinceridad. En 1978 él recibió el llamado a ser un siervo de Dios Clamó fervientemente a fin de entender con claridad la voluntad de Dios y llevarla a cabo por completo, y obedeció a cabalidad la Palabra de Dios. En 1982 fundó la Iglesia Central Manmin en Seúl, Corea del Sur, e innumerables obras de Dios, incluyendo sanidades o prodigios milagrosos, han tomado lugar en la iglesia.

En 1986 el Rev. Dr. Lee fue ordenado como pastor en la Asamblea Anual de la Iglesia de Jesús de Sungkyul de Corea, y cuatro años más tarde sus sermones empezaron a ser transmitidos en Australia, Rusia, las Filipinas, y otros lugares a través de la Compañía de Radiodifusión del Lejano Oriente, la Estación de Radiodifusión de Asia, y el Sistema Radial Cristiano de Washington.

Luego de transcurridos tres años, en 1993, la Iglesia Central Manmin fue denominada por la Revista Christian World de EE. UU. como una de las '50 Iglesias Principales del Mundo'. El mismo año el Dr. Lee obtuvo un Doctorado Honorario en Teología en Christian Faith College, Florida, EE. UU., y en 1996 obtuvo un Ph.D. en Ministerio en el Seminario Teológico de Kingsway en Iowa, EE. UU.

Desde 1993, el Rev. Dr. Lee ha tomado la batuta en el área de las misiones mundiales a través de cruzadas evangelísticas internacionales en los Estados

Unidos (Nueva York, Los Ángeles, Baltimore, Hawái), Tanzania, Argentina, Uganda, Japón, Pakistán, Kenia, las Filipinas, Honduras, India, Rusia, Alemania, Perú, República Democrática de Congo, Israel y Estonia. En el año 2002 los principales diarios cristianos de Corea lo nombraron 'el Pastor mundial' por su labor en varias Grandes Cruzadas Unidas internacionales.

Hasta Mayo de 2013, la Iglesia Central Manmin cuenta con una congregación de más de 120.000 miembros; tiene 10.000 iglesias filiales locales e internacionales en el mundo entero, más de 129 misioneros que han sido comisionados a 23 países, entre ellos los Estados Unidos, Rusia, Alemania, Canadá, Japón, China, Francia, India, Kenia, y muchos más.

Hasta la fecha de esta publicación, el Dr. Lee ha escrito 85 libros, incluyendo algunos en lista de superventas de librería tales como *GOZANDO DE LA VIDA FRENTE A LA MUERTE, MI VIDA MI FE I y II, EL MENSAJE DE LA CRUZ, LA MEDIDA DE FE, CIELO I y II, INFIERNO,* y *EL PODER DE DIOS.* Sus obras han sido traducidas a más de 75 idiomas.

Sus editoriales cristianos se publican en los diarios *The Hankook Ilbo, The Chosun Ilbo, The JoongAng Daily, The Dong-A Ilbo, The Munhwa Ilbo, The Seoul Shinmun, The Kyunghyang Shinmun, The Korea Economic Daily, The Korea Herald, The Shisa News, y The Christian Press.*

El Dr. Lee es actualmente el líder de muchas organizaciones y asociaciones misioneras, entre ellas: Presidente de la Iglesia de la Santidad Unida de Jesucristo, Presidente de la Misión Mundial Manmin, Presidente vitalicio de la Asociación de Avivamiento y Misiones Cristianas Mundiales, Fundador y Presidente de la Junta de la Red Cristiana Mundial (GCN por sus siglas en inglés), Fundador y Presidente de la Junta de la Red Mundial de Médicos Cristianos (WCDN por sus siglas en inglés), y Fundador y Presidente de la Junta del Seminario Internacional Manmin (MIS por sus siglas in inglés).

CIELO I y II

Una descripción detallada del maravilloso y vívido ambiente que los ciudadanos del Cielo disfrutarán en los cinco niveles del Reino de los Cielos, además de una hermosa descripción de cada uno de ellos.

MI VIDA, MI FE I y II

La autobiografía del Dr. Jaerock Lee proporciona un fragante aroma espiritual a los lectores a través de su vida extraída del amor de Dios que brotó en medio de olas oscuras, un yugo frío y la mayor desesperación.

EL MENSAJE DE LA CRUZ

Un poderoso mensaje de avivamiento para todos aquellos que están espiritualmente adormecidos. En este libro encontrará la razón por la que Jesús es el único Salvador y es el verdadero amor de Dios

LA MEDIDA DE FE

¿Qué tipo de lugar celestial y qué tipo de corona y recompensas están preparadas para usted en el Cielo? Este libro proporciona la sabiduría y guía para que usted mida su fe y cultive una fe mejor y más madura.

INFIERNO

Un sincero y ferviente mensaje de Dios para toda la humanidad. ¡Dios desea que ningún alma caiga en las profundidades del infierno! Usted descubrirá una descripción nunca antes revelada de la cruel realidad del Hades y del Infierno.